RESEARCH AND APPLICATION OF SHEAR AND
TORSIONAL PERFORMANCE OF LARGE-SPAN
CORRUGATED STEEL WEB COMPOSITE BOX-GIRDER BRIDGE

大跨径波形钢腹板
组合箱梁桥剪切与扭转性能研究及应用

裴辉腾　吴廷楹　李维徽　刘杨青　詹刚毅　等 **编著**

人民交通出版社股份有限公司

北　京

内 容 提 要

本书基于理论分析、有限元模拟与试验研究的方法,对大跨径变截面波形钢腹板组合箱梁桥的剪切与扭转力学性能及计算方法进行了系统的研究和分析。本书重点对大跨径变截面波形钢腹板预应力混凝土(PC)组合箱梁桥非线性剪切屈曲、超静定变截面波形钢腹板组合箱梁的扭转与畸变性能两方面受力规律进行研究,建立了非线性剪切屈曲分析模型,构建了"弹性—开裂—裂缝扩展—腹板屈曲"四阶段波形钢腹板-内衬混凝土组合腹板损伤模型,提出了内衬混凝土实用设计方法;利用等代梁法求解变截面波形钢腹板组合箱梁的畸变翘曲应力,分析了横隔板间距、临时横撑数量及构造等对大悬臂阶段上部结构扭转与畸变性能的影响,给出了横隔板及临时横撑的优化设置建议。

本书可作为桥梁设计、施工及建设单位参考用书,也可为桥梁工程领域的科研人员、工程技术人员提供参考,还可以作为高等院校相关专业的参考学习资料。

图书在版编目(CIP)数据

大跨径波形钢腹板组合箱梁桥剪切与扭转性能研究及应用 / 裴辉腾等编著. — 北京:人民交通出版社股份有限公司, 2024.1

ISBN 978-7-114-19192-3

Ⅰ. ①大… Ⅱ. ①裴… Ⅲ. ①长跨桥—钢板—腹板—桥梁结构—钢箱梁—研究 Ⅳ. ①U448.43

中国国家版本馆 CIP 数据核字(2023)第 247376 号

Dakuajing Boxing Gangfuban Zuhe Xiangliangqiao Jianqie yu Niuzhuan Xingneng Yanjiu ji Yingyong

书　　名:	大跨径波形钢腹板组合箱梁桥剪切与扭转性能研究及应用
著 作 者:	裴辉腾　吴廷楹　李维徽　刘杨青　詹刚毅　等
责任编辑:	曲　乐　刘国坤
责任校对:	孙国靖　卢　弦
责任印制:	刘高彤
出版发行:	人民交通出版社股份有限公司
地　　址:	(100011)北京市朝阳区安定门外外馆斜街 3 号
网　　址:	http://www.ccpcl.com.cn
销售电话:	(010)59757973
总 经 销:	人民交通出版社股份有限公司发行部
经　　销:	各地新华书店
印　　刷:	北京建宏印刷有限公司
开　　本:	787×1092　1/16
印　　张:	8.75
字　　数:	203 千
版　　次:	2024 年 1 月　第 1 版
印　　次:	2024 年 1 月　第 1 次印刷
书　　号:	ISBN 978-7-114-19192-3
定　　价:	48.00 元

(有印刷、装订质量问题的图书,由本公司负责调换)

编委会

主 任 委 员：裴辉腾　吴廷楹

副主任委员：李维徽　刘杨青　詹刚毅

编　　　委：余少华　陈伟伟　曾明辉　吴　飞　殷妮芳
　　　　　　　陈　晔　陶敬林　谢　群　胡火全　邓文琴
　　　　　　　张星宇　陈　婷　吴婷婷　袁永东　何万平

波形钢腹板组合箱梁桥是一种符合可持续发展理念的新型桥梁结构形式,是今后中大跨径桥梁中一种富有竞争力的结构形式。为满足交通流量日益增加的需求,波形钢腹板组合箱梁桥逐步往大跨径、宽幅发展。然而随着桥梁跨径和桥宽的增大,波形钢腹板剪切屈曲问题突出、空间效应显著、相关设计方法不成熟等因素,严重制约了大跨径波形钢腹板组合箱梁桥的发展。

国内外关于波形钢腹板剪切、扭转与畸变性能的研究主要针对单箱单室简支箱梁展开,而针对大跨径变截面波形钢腹板组合箱梁非线性剪切屈曲与扭转畸变的研究较少。与简支梁相比,大跨径波形钢腹板组合连续箱梁桥由于梁高较大,其剪切屈曲问题更为突出,且施工期大悬臂状态下不对称荷载(混凝土浇筑)引起波形钢腹板组合箱梁空间扭转与畸变效应更加显著,既有等截面设计计算理论已不适用于大跨径变截面波形钢腹板组合箱梁桥。由于变截面效应的影响,大跨径变截面波形钢腹板 PC 组合箱梁的力学性能与等截面情形差异显著,有必要结合变截面波形钢腹板 PC 组合箱梁的结构特点,对大跨径波形钢腹板组合箱梁剪切与扭转性能进行研究。本书基于实际工程案例,围绕其受剪性能、扭转和畸变效应及非线性剪切屈曲等问题展开理论及数值模拟分析,为大跨径变截面波形钢腹板 PC 组合箱梁桥的抗剪设计、内衬混凝土的合理设置及扭转与畸变评价提供理论依据。

本书分为 5 章。第 1 章绪论,介绍了波形钢腹板桥梁发展历程、国内外研究现状以及跨径进一步发展存在的难题等。第 2 章大跨径变截面波形钢腹板 PC 组合箱梁桥非线性剪切屈曲分析,介绍了变截面波形钢腹板组合梁剪应力计算方法、弹性屈曲强度计算、非弹性屈曲强度计算方法、波形钢腹板组合箱梁非线性剪切屈曲分析模型、波形钢腹板剪切屈曲强度参数分析。第 3 章波形钢腹板-内衬混凝土组合腹板抗剪设计方法,介绍了内衬混凝土-钢组合腹板等效刚度计算模型、弹性阶段内衬混凝土-钢组合腹板剪力分配规律、波形钢腹板内衬混凝土剪切与扭转性能试验研究、波形钢腹板-内衬混凝土组合腹板参数分析。第 4 章变截面波形钢腹板组合箱梁的扭转与畸变性能研究,介绍了波形钢腹板组合箱梁桥的扭转性能研究、波形钢腹板组合箱梁桥的畸变性能研究、大跨径变截面波形钢腹板组合梁桥扭转与畸变有限元分析。第5章波形钢腹板组合箱梁桥横隔板的合理设置及构造优化，介绍了横隔板数量、厚度、不同材料对波形钢腹板箱梁抗扭性能的影响及其合理间距的分析。

  本书由江西省交通设计研究院有限责任公司组织编写，具体编写分工如下：本书第1章由吴廷楹、裴辉腾编写，第2章由李维徽、裴辉腾、刘杨青、陈伟伟、殷妮芳编写，第3章由詹刚毅、余少华、裴辉腾、曾明辉、邓文琴、陈晔编写，第4章由裴辉腾、吴飞、谢群、殷妮芳、张星宇、胡火全编写，第5章由陶敬林、裴辉腾、陈婷、吴婷婷、袁永东、何万平编写。

  在此衷心感谢江西省交通科技基金项目（2022H0019）对本书的资助，同时感谢对本书提出宝贵意见的相关专家学者。

  本书是作者团队长期从事桥梁设计、科研和工程实践的智慧结晶，是团队协同合作的成果。本书基于实际工程案例，对大跨径波形钢腹板组合箱梁桥剪切和扭转性能开展研究，可为同类桥梁的设计、施工提供一定的参考。但由于编撰时间仓促，编者水平有限，书中难免有错漏与不妥之处，望读者体谅，也恳请广大读者与专家批评指正。

作　者

2023年10月

第1章 绪论

1.1 研究背景及意义 …… 001
1.2 国内外研究与应用现状 …… 002
1.3 本书主要内容 …… 004

第2章 大跨径变截面波形钢腹板组合箱梁桥非线性剪切屈曲分析

2.1 变截面波形钢腹板组合箱梁剪应力计算方法 …… 006
2.2 弹性屈曲强度计算 …… 012
2.3 非弹性屈曲强度计算方法 …… 014
2.4 波形钢腹板组合箱梁非线性剪切屈曲分析模型 …… 025
2.5 波形钢腹板剪切屈曲强度参数分析 …… 029
2.6 本章小结 …… 034

第3章 波形钢腹板-内衬混凝土组合腹板抗剪设计方法

3.1 内衬混凝土-钢组合腹板等效刚度计算模型 …… 036
3.2 弹性阶段内衬混凝土-钢组合腹板剪力分配规律 …… 045
3.3 波形钢腹板内衬混凝土剪切与扭转性能试验研究 …… 048
3.4 波形钢腹板-内衬混凝土组合腹板参数分析 …… 059
3.5 本章小结 …… 067

第 4 章　变截面波形钢腹板组合箱梁的扭转与畸变性能研究

4.1　波形钢腹板组合箱梁桥的扭转性能研究　…………………………… 068
4.2　波形钢腹板组合箱梁桥的畸变性能研究　…………………………… 082
4.3　大跨径变截面波形钢腹板组合箱梁桥扭转与畸变有限元分析　……… 093
4.4　本章小结　113

第 5 章　波形钢腹板组合箱梁桥横隔板的合理设置及构造优化

5.1　概述　………………………………………………………………… 114
5.2　横隔板数量对截面扭转与畸变性能的影响　………………………… 116
5.3　横隔板厚度对波形钢腹板箱梁扭转与畸变性能的影响　…………… 119
5.4　不同材料的横隔板对波形钢腹板组合箱梁抗扭性能的影响　……… 121
5.5　鄱阳湖饶州特大桥横隔板合理间距分析　…………………………… 122
5.6　本章小结　127

参考文献

第 1 章

绪论

1.1 研究背景及意义

波形钢腹板预应力混凝土(PC)组合箱梁桥是近年来迅速发展的一种新型桥梁结构形式(图1-1),其主要特点是用波形钢腹板代替传统混凝土腹板,与后者相比,波形钢腹板可以大幅度降低大跨径梁式桥上部结构自重,而且跨度越大降低越明显,从而实现减小桥梁结构恒载的目的。此外,利用波形钢腹板承受剪力,可避免传统混凝土腹板常见的开裂问题,且波形钢腹板存在褶皱效应,可降低顶、底板混凝土收缩徐变的影响,另外还具有材料利用充分、施工方便、现场工期短、造型美观等优点,是今后中大跨径桥梁中一种富有竞争力的结构形式。

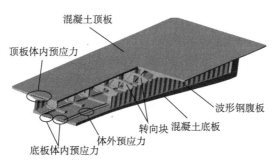

图 1-1 波形钢腹板 PC 组合箱梁的一般构造

1986 年法国建成了世界上第一座波形钢腹板 PC 组合箱梁桥——Cognac 桥,标志着这一新型结构的诞生。20 世纪 80 年代末日本引进了波形钢腹板组合梁桥的建造技术,随着技术的进步,日本截至 2022 年已建成 232 座此类型的桥梁,是目前应用波形钢腹板组合梁桥最为广泛的国家。我国第一座波形钢腹板组合梁桥始于 2005 年,据不完全统计,目前我国已建和在建的波形钢腹板组合梁桥多达百余座。

随着波形钢腹板组合梁桥的建造技术、施工工艺以及设计理论与方法的日益成熟,与其他形式的桥梁相比,这一轻盈的桥型结构在更大跨径范围内具有显著优势。我国与日本同类桥型中主跨径发展趋势如图 1-2 所示。

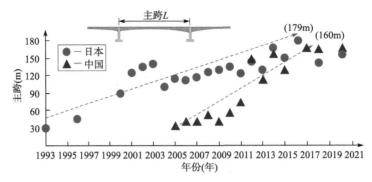

图 1-2 主跨径发展趋势

为满足交通流量日益增加的需求,波形钢腹板组合梁桥逐步往大跨径、宽幅方向发展。然而随着桥梁跨径和桥宽的增大,波形钢腹板剪切屈曲问题突出、空间效应显著、相关设计方法不成熟等因素,严重制约了大跨径波形钢腹板组合梁桥的发展。考虑到结构受力及经济合理性,波形钢腹板组合梁桥由中小跨径向大跨径方向发展存在以下难题亟须解决:

(1)在大跨径波形钢腹板组合箱梁桥中,由于箱梁高度大,波形钢腹板非线性屈曲稳定问题尤为突出,亟须构建精细化有限元分析模型,以期准确预测结构发生非线性剪切屈曲时的几何模态、破坏位置及临界荷载,为结构抗剪设计及内衬混凝土的合理布置提供参考依据。

(2)与一般混凝土箱梁相比,由于波形钢腹板组合截面的抗扭刚度小,容易受到偏心荷载的影响,由约束扭转和畸变效应产生的翘曲应力不容忽视,需开展大跨径波形钢腹板组合箱梁桥扭转和畸变等空间效应影响对结构变形及受力缺乏量化评估方法方面的研究,为悬臂施工中因挂篮和分段浇筑等不平衡荷载作用下的空间力学性能评价及横隔板的合理布置提供理论依据。

为解决存在的难题,以鄱阳县城至余干污泥段改扩建工程鄱阳湖饶州特大桥为依托,开展大跨径波形钢腹板组合箱梁桥剪切与扭转性能分析,以期解决变截面波形钢腹板组合梁高效计算及精细化设计难题,主要包括:

(1)建立精细化大跨径变截面波形钢腹板PC组合箱梁桥分析模型,既可反映混凝土的损伤响应,又可以实现波形钢腹板非线性剪切屈曲破坏全过程分析,为波形钢腹板抗剪设计提供支撑。

(2)构建波形钢腹板-内衬混凝土组合腹板承剪分析模型,提出了精准计算理论及设计方法,解决了组合腹板开裂后抗剪计算脱节问题。

(3)提出大跨径波形钢腹板组合箱梁空间扭转和畸变的分析方法,为空间效应精确计算和横隔板的优化设计提供理论支撑。

1.2 国内外研究与应用现状

1.2.1 国外研究现状

Leiva-Aravena开展多组试验系统地研究波形钢腹板剪切屈曲模式,给出了合成屈曲的定义及计算方法。Elgaaly 和 Hamilton 通过 21 组模型试验系统地研究了波形钢腹板的三种剪切屈曲模式,发现波形越密越容易发生整体屈曲,并根据试验和非线性有限元分析结果,提出了非弹性剪切屈曲强度表达式。Lindner 通过试验研究了翼缘竖向屈曲和侧向扭转屈曲的相互作用,提出波形钢腹板侧向扭转屈曲承载力计算公式。Luo 考虑大变形、材料的塑性等因素,提出了工字形波形钢腹板极限承载力计算公式。Johnson 研究发现波形钢腹板的有效剪切模量比钢板本身的剪切模量低,提出了有效剪切模量,并且引入扭转刚度系数来表达边界条件的影响。

Sayed-Ahmed 研究了波形钢腹板的破坏模式,并给出考虑材料屈服强度和局部、整体的剪切屈曲强度的波形钢腹板剪切强度公式。Sause 等通过试验和有限元程序验证了既有的剪切强度计算方法高估了实际结构的承载力,并推荐采用非弹性剪切屈曲强度公式进行计算。Mo 通过对波形钢腹板 PC 组合箱梁的扭转性能研究指出,应当首先考虑波形钢腹板的局部和整体屈曲强度,再复核扭转屈曲强度。Yi 通过参数分析研究了结构几何特征参数的变化对相关屈曲强度和屈曲模态的影响。Moon 提出了波形钢腹板整体屈曲的改进计算方法,并基于试验验证了理论方法的正确性。

值得一提的是,许多日本学者开展了大量模型试验和理论分析工作,为波形钢腹板组合梁的推广奠定了基础。张建东与宫内秀敏等通过试验对波形钢腹板间的焊接区域及钢-混凝土(钢-混)过渡区的复杂应力状况及疲劳性能进行了研究。Shitou 通过足尺模型试验得出波形钢腹板的承剪比例随着混凝土板的开裂逐渐提高,随着钢材的屈服逐渐降低。通过简支梁的静载试验,Kadotani 指出约 65% 的竖向剪力由波形钢腹板承担,这一比例将会随着钢材的屈服逐渐降低。Hassanein 基于非线性有限元对变截面波形钢腹板的剪切屈曲进行了研究,并给出了变截面波形钢腹板剪切屈曲强度的计算方法。

1.2.2 国内研究现状

我国对波形钢腹板 PC 组合箱梁的受剪及空间力学性能的研究起步相对较晚,部分代表性的研究成果简要介绍如下:

清华大学郭彦林教授团队基于非线性有限元探明了波形钢腹板剪切破坏的力学机理和屈曲形式。王福敏研究员等通过试验研究了波形钢腹板的极限承载力及失稳规律,即局部屈曲引起整体屈曲。东南大学万水教授团队基于模型试验对波形钢腹板组合箱梁的受力性能进行了研究,通过有限元研究了横隔板的合理设置间距及其对结构受力的影响,推导了偏载作用下单箱多室波形钢腹板组合箱梁扭转和畸变的控制微分方程。交通运输部公路科学研究院桥梁专家宋建永采用一致缺陷模态法模拟波形钢腹板的初始缺陷,指出厚度缺陷对剪切屈曲强度影响较小。同济大学刘玉擎教授团队对波形钢腹板组合结构及其内衬混凝土腹板进行了系统的研究,并指出内衬混凝土可有效限制波形钢腹板受压翼缘的屈曲,基于平衡微分方程、变形协调方程及物理方程建立了考虑剪切变形的波形钢腹板组合梁弹性弯曲分析理论。周绪红院士、狄谨教授团队通过试验研究发现了偏心荷载作用下,波形钢腹板上会产生较大的附加剪应力;同时,剪切屈曲临界荷载将随着波折角度和钢腹板厚度的增加而增大,通过对既有试验数据的回归分析提出了半经验半理论的剪切屈曲强度设计公式。北京交通大学刘保东教授、任红伟教师团队通过试验研究了波形钢腹板连续刚构桥的约束扭转和畸变特性,研究指出混凝土顶底板的翘曲应力和波形钢腹板的翘曲剪应力在设计中不可忽略。

湖南大学李立峰教授团队考虑了材料非线性、体外索与梁的应变不协调及其二次效应的影响,开发了波形钢腹板 PC 组合箱梁非线性分析程序。华南理工大学单成林教授团队基于有限元模型分析了几何参数变化对弯-扭耦合作用下波形钢腹板屈曲模态的影响。兰州交通大学刘世忠教授团队提出了集中荷载作用下波形钢腹板箱梁剪力滞系数计算公式,基于能量变分法得到了结构弯曲振动频率的解析计算公式。清华大学聂建国院士、樊健生教授团队开展了多组波形钢腹板组合箱梁的试验研究,重点关注波形钢腹板的剪切屈曲行为和墩-梁接合部受力;并通过有限元研究了影响剪切屈曲强度的关键因素,提出了波形钢腹板剪切强度的理论计算方法。解放军理工大学江克斌教授通过 4 组模型试验发现截面中心纵筋对波形钢腹板组合箱梁的抗扭贡献不大,其屈服扭矩随着板厚的增加而增大。深圳市市政设计研究院有限公司陈宜言大师与福州大学陈宝春教授通过试验及有限元研究了波形钢腹板 PC 箱梁的扭转性能,指出高跨比较大时横隔板对扭转刚度的影响较大。山东大学学者姜瑞娟通过有限元模型对比分析了波形钢腹板连续梁桥与普通混凝土箱梁桥的剪力滞效应差异。四川大学王清远教授团队通过试验发现波形钢腹板连接件疲劳破坏发生在波形钢腹板倾斜段终点部位的焊趾处。

郑州大学李杰研究认为自重及预应力作用下变截面波形钢腹板组合截面的剪力传递效率为 50%~80%。江苏省交通科学研究院张建东团队开展了变截面波形钢腹板组合梁的试验与理论研究,指出将波形钢腹板等效为混凝土平腹板是不精确的,并基于等参变换提出分离变截面梁弯曲和剪切变形的理论方法。东南大学丁汉山教授通过理论研究指出由波形钢腹板箱梁约束扭转及畸变效应引起的翘曲应力在设计中应当予以重视。长沙理工大学贺君通过有限元程序研究揭示内衬混凝土能显著降低支点区域钢腹板的剪应力,提高结构的稳定性。中国矿业大学(北京)吴丽丽教授开展了马蹄形断面波形钢腹板支架的模型试验,研究发现支架的破坏形态为整体非对称失稳。秦明星等结合有限元及实测数据对采用异步施工方案的波形钢腹板的局部应力及变形控制进行了研究。

1.3 本书主要内容

本书以鄱阳县城至余干污泥段改扩建工程鄱阳湖饶州特大桥为依托工程,对大跨径变截面波形钢腹板组合梁桥剪切与扭转性能进行研究,主要内容如下:

(1)大跨径变截面波形钢腹板组合 PC 箱梁桥非线性剪切屈曲分析

①非线性剪切屈曲分析模型:基于变截面效应确定压弯剪共同作用下变截面波形钢腹板 PC 组合箱梁率先发生剪切屈曲破坏的控制截面位置。考虑几何、材料非线性及材料损伤、结构初始缺陷的影响,构建非线性有限元分析模型,揭示顶底板混凝土及内衬混凝土开裂对组合截面剪应力重分布的影响。基于 Riks 算法实现压弯剪共同作用下波形钢腹板非线性剪切屈曲全过程仿真模拟,以期准确预测结构发生非线性剪切屈曲时的几何模态、破坏位置及临界荷载。

②内衬混凝土组合腹板抗剪计算方法：基于数值模拟揭示波形钢腹板-内衬混凝土承剪机制，构建"弹性—开裂—裂缝扩展—腹板屈曲"四阶段波形钢腹板-内衬混凝土组合腹板损伤模型及抗剪性能评价理论，提出内衬混凝土实用设计方法，解决组合腹板开裂后抗剪计算脱节问题。

（2）超静定变截面波形钢腹板组合箱梁的扭转与畸变性能研究

①约束扭转与畸变应力计算：根据乌氏第二理论，利用差分法推演变截面波形钢腹板组合箱梁约束扭转变系数微分方程，通过位移法或力法求解未知翘曲系数或翘曲双力矩，进而求解组合截面的约束扭转正应力和剪应力。根据箱梁理论，利用等代梁法求解变截面波形钢腹板组合箱梁的畸变翘曲应力。

②横隔板及临时横撑合理间距：利用有限元模型分析横隔板间距、临时横撑数量及构造等对大悬臂段上部结构扭转与畸变性能的影响，为依托工程横隔板及临时横撑的优化设置提供依据。

第 2 章

大跨径变截面波形钢腹板组合箱梁桥非线性剪切屈曲分析

2.1 变截面波形钢腹板组合箱梁剪应力计算方法

波形钢腹板组合箱梁的剪力主要由钢腹板承担,抗剪性能主要考虑波形钢腹板、抗剪连接件两个部件。对于抗剪连接件,判断其是否满足要求,设计中主要比较所采用的抗剪连接件在设计荷载和极限荷载作用下是否能抵抗连接部位的顺桥方向水平剪力。而对于波形钢腹板,在剪力作用下既有剪切屈服问题,也有剪切屈曲问题,故应做两种验算,即保证采用的波形钢腹板强度和稳定性能符合设计要求。波形钢腹板设计首先是波形尺寸的拟定,波形钢腹板的块段长度直接影响桥梁施工块段的划分,在尺寸拟定好的基础上进行截面剪应力计算及验算,截面剪应力计算包括弯曲产生的剪应力、自由扭转剪应力、约束扭转剪应力。目前,波形钢腹板由扭矩产生的剪应力计算按照式(2-2),计算流程如图2-1所示。

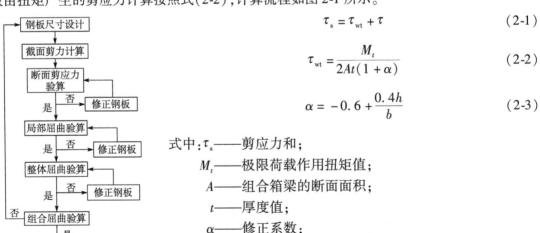

图 2-1 波形钢腹板剪切力计算流程

$$\tau_s = \tau_{wt} + \tau \tag{2-1}$$

$$\tau_{wt} = \frac{M_t}{2At(1+\alpha)} \tag{2-2}$$

$$\alpha = -0.6 + \frac{0.4h}{b} \tag{2-3}$$

式中:τ_s——剪应力和;

M_t——极限荷载作用扭矩值;

A——组合箱梁的断面面积;

t——厚度值;

α——修正系数;

b——波形钢腹板的中心间隔距离;

h——混凝土顶底板的中心间隔距离。

2.1.1 等截面波形钢腹板组合箱梁剪应力计算方法

(1)仅考虑波形钢腹板承剪

一般在计算波形钢腹板剪应力时,保守认为剪应力全部由波形钢腹板承担,且沿腹板高度均匀分布,在 Midas Civil 有限元模拟提取波形钢腹板剪应力时,也是采用这种方法,将求得的截面剪力直接与截面面积相除,其计算公式为:

$$\tau = \frac{Q}{A} = \frac{Q}{nth} \tag{2-4}$$

式中:Q——截面剪力;

τ——波形钢腹板平均剪应力;

n——截面波形钢腹板数;

t——单块波形钢腹板的厚度。

(2)考虑混凝土及钢腹板共同承剪

实际上大跨径波形钢腹板组合箱梁中,混凝土顶板+底板也会承受剪力,忽略轴力作用时,钢腹板剪应力计算公式为:

$$\tau = \frac{QS}{tI} \tag{2-5}$$

式中:I——截面的惯性矩;

S——混凝土截面积对形心轴的静矩。

2.1.2 变截面波形钢腹板组合箱梁剪应力计算方法

波形钢腹板箱梁示意图如图 2-2 所示,参照普通混凝土变截面箱梁剪应力计算方法,取变截面梁的微段 dx 来研究,微段两端受弯矩 M,水平轴力 N,剪力 Q 作用,α 为截面形心连线上的倾角,β 为梁底倾角,如图 2-3 所示。

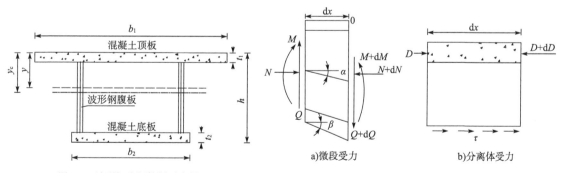

图 2-2 波形钢腹板箱梁示意图 　　图 2-3 微段梁剪应力计算示意图

由材料力学可知,截面上距梁顶 y 处的正应力为:

$$\sigma_x = \frac{N}{A} + \frac{M}{I}(y_c - y) \tag{2-6}$$

式中:y_c——截面形心至梁顶的距离;

A——截面的面积。

由于波形钢腹板褶皱效应，A 和 I 只计入混凝土截面的贡献为：

$$A = b_1 t_1 + b_2 t \tag{2-7}$$

$$I = b_1 t_1^3 / 12 + b_1 t_1 (y_c - t_1/2)^2 + b_2 t^3 / 12 + b_2 t (h - y_c - t/2)^2 \tag{2-8}$$

$$y_c = \frac{b_1 t_1^2 / 2 + b_2 t (h - t/2)}{A} \tag{2-9}$$

式中：b_1、t_1——混凝土顶板宽度和厚度；

b_2——混凝土底板宽度。

由于混凝土底板的厚度是变化的，设其为 t，为了计算任意位置处微段波形钢腹板的剪应力，根据材料力学，可先求水平剪应力，由水平方向受力平衡可知：

$$\tau = \frac{1}{b} \frac{\mathrm{d}D}{\mathrm{d}x} \tag{2-10}$$

式中：b——剪应力计算位置处截面的宽度；

D——剪应力计算点以上位置水平方向合力，D 可以认为在顶板，则可得：

$$D = \int_0^\xi \sigma_x b(y) \mathrm{d}y \tag{2-11}$$

式中：ξ——剪应力计算点至梁顶的距离。

将式(2-6)代入上式可得：

$$D = \frac{N}{A} A_a + \frac{M}{I} S_a \tag{2-12}$$

式中：A_a——剪应力计算点以上面积；

S_a——A_a 对截面形心的静面矩。

图 2-3a)所示微段中，对点 O 求矩可得：

$$\frac{\mathrm{d}M}{\mathrm{d}x} = Q + N \tan\alpha \tag{2-13}$$

将式(2-12)代入式(2-10)并与式(2-13)结合可得波形钢腹板剪应力按变截面计算公式：

$$\tau = \frac{Q S_a}{bI} + \frac{N}{b}\left(\frac{S_a}{I}\tan\alpha + \frac{1}{A}\frac{\mathrm{d}A_a}{\mathrm{d}x} - \frac{A_a}{A^2}\frac{\mathrm{d}A}{\mathrm{d}x}\right) + \frac{M}{b}\left(\frac{1}{I}\frac{\mathrm{d}S_a}{\mathrm{d}x} - \frac{S_a}{I^2}\frac{\mathrm{d}I}{\mathrm{d}x}\right) \tag{2-14}$$

对于变截面波形钢腹板箱梁截面，剪应力计算点可分为三种情况，情况一：剪应力计算点在顶板内；情况二：剪应力计算点在波形钢腹板上；情况三：剪应力计算点在底板上。式(2-14)中存在四个微分项：$\mathrm{d}I/\mathrm{d}x$，$\mathrm{d}S_a/\mathrm{d}x$，$\mathrm{d}A_a/\mathrm{d}x$，$\mathrm{d}A/\mathrm{d}x$，结合图 2-2 中的几何参数，可得它们的计算公式：

$$\frac{\mathrm{d}A}{\mathrm{d}x} = \frac{\mathrm{d}(b_1 t_1 + b_2 t)}{\mathrm{d}x} = \frac{b_2 \mathrm{d}t}{\mathrm{d}x} \tag{2-15}$$

$$\frac{\mathrm{d}I}{\mathrm{d}x} = a_1 \frac{\mathrm{d}y_c}{\mathrm{d}x} + a_2 \frac{\mathrm{d}t}{\mathrm{d}x} + a_3 \frac{\mathrm{d}h}{\mathrm{d}x} \tag{2-16}$$

而 $\mathrm{d}S_a/\mathrm{d}x$，$\mathrm{d}A_a/\mathrm{d}x$ 的微分计算简式与剪应力计算点的位置有关。

(1)情况一：

剪应力计算点以上的面积 $A_a = b_1 y$，则可得：

$$\frac{dA_a}{dx} = 0 \tag{2-17}$$

$$\frac{dS_a}{dx} = b_1 y \frac{dy_c}{dx} \tag{2-18}$$

(2)情况二：

此时剪应力计算点以上面积 $A_a = b_1 t_1$，则可得：

$$\frac{dA_a}{dx} = 0 \tag{2-19}$$

$$\frac{dS_a}{dx} = b_1 t_1 \frac{dy_c}{dx} \tag{2-20}$$

(3)情况三：

此时剪应力计算点以上的面积 $A_a = b_1 t_1 + b_2(y+t-h)$，则可得：

$$\frac{dA_a}{dx} = b_2 \left(\frac{dt}{dx} - \frac{dh}{dx} \right) \tag{2-21}$$

$$\frac{dS_a}{dx} = \left[b_1 t_1 + b_2(y+t-h) \right] \frac{dy_c}{dx} + b_2(h-t-y_c) \left(\frac{dh}{dx} - \frac{dt}{dx} \right) \tag{2-22}$$

2.1.3 公式验证

采用 ANSYS 有限元软件建立依托工程三维实体模型(图2-4)，作集中力 $P = 1000 \text{kN}$ 于波形钢腹板悬臂箱梁有限元模型端部(图2-5)，不考虑自重，结合剪应力按等截面和变截面两种计算方法，选取5个截面定量研究变截面波形钢腹板箱梁截面剪应力各部分承担比例及分布规律。其中等截面计算公式按考虑混凝土承剪和不考虑混凝土承剪两种情况计算，所选截面如图2-6所示。

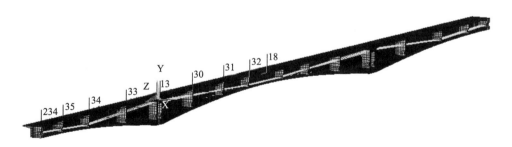

图 2-4　ANSYS 模型视图

图 2-5　波形钢腹板

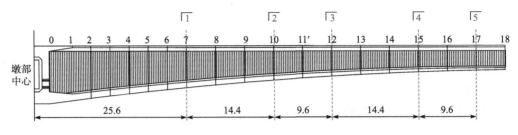

图 2-6　悬臂箱梁所选截面(尺寸单位:m)

以下列出截面 1 至截面 5 分别按不考虑变截面效应且混凝土参与承剪或忽略混凝土承剪、考虑变截面效应承剪几种计算方法的计算结果。

由式(2-4)可知,不考虑变截面效应且忽略混凝土承剪作用的计算结果见表 2-1。

不考虑混凝土承剪剪应力值　　　　　　　　　　　表 2-1

截面号	1	2	3	4	5
钢腹板面积 $A(m^2)$	0.307	0.248	0.218	0.185	0.174
截面剪力 $Q(kN)$	1000	1000	1000	1000	1000
腹板剪应力 $\tau(MPa)$	3.257	4.032	4.587	5.405	5.747

由式(2-5)可知,不考虑变截面效应但考虑混凝土顶底板承剪的计算结果见表 2-2。

考虑混凝土承剪剪应力值　　　　　　　　　　　表 2-2

截面号	1	2	3	4	5
A_a 对形心轴静矩 $S_a(m^3)$	24.827	16.856	13.003	9.230	8.004
截面剪力 $Q(kN)$	1000	1000	1000	1000	1000
腹板厚度 $b(mm)$	0.056	0.056	0.056	0.056	0.056
截面惯性矩 $I(m^4)$	153.896	85.113	57.888	35.337	28.924
腹板剪应力 $\tau(MPa)$	2.881	3.536	4.011	4.664	4.942

由式(2-14)可知,考虑混凝土承剪按变截面计算的计算结果见表 2-3。

考虑变截面效应和混凝土承剪剪应力值　　　　　表 2-3

截面号	1	2	3	4	5
腹板厚(m)	0.056	0.056	0.056	0.056	0.056
腹板高(m)	5.484	4.435	3.887	3.312	3.112
腹板面积(m^2)	0.307	0.248	0.218	0.185	0.174
截面面积(m^2)	16.452	14.652	13.716	12.726	12.384
形心距离顶板距离 $y_c(m)$	2.927	2.084	1.676	1.277	1.147
A_a 对形心的静矩 $S_a(m^3)$	24.827	16.856	13.003	9.230	8.004
截面惯性矩 $I(m^4)$	153.896	85.113	57.888	35.337	28.924
dt/dx	0.016	0.012	0.010	0.006	0.002
dH/dx	0.098	0.076	0.060	0.034	0.014
dI/dx	9.759	7.005	4.258	1.752	0.364

续上表

dS_a/dx	1.150	0.946	0.686	0.367	0.090
QS_a/bI	2393.232	2749.850	3307.222	4245.221	4941.558
截面剪力 $Q(\text{kN})$	1000	1000	1000	1000	1000
弯矩 $M(\text{kN}\cdot\text{m})$	−65600	−56000	−43200	−24000	−4800
$\dfrac{M}{b}\left(\dfrac{1}{I}\dfrac{dS_a}{dx}-\dfrac{S_a}{I^2}\dfrac{dI}{dx}\right)$	943.547	1018.323	803.194	339.333	31.342
腹板剪应力 $\tau(\text{MPa})$	1.937	2.518	3.208	4.325	4.910

箱梁根部波形钢腹板的剪应力分布较为复杂,选取的截面应远离边界条件,加载处所获得的结果更具有一般性。除了与顶底板相连处剪应力值存在突变值,波形钢腹板上其余节点剪应力基本相同,剔除突变值取剪应力平均值,其计算结果见表2-4。

ANSYS 计算结果 表2-4

截面号	1	2	3	4	5
腹板高 $h(\text{m})$	5.484	4.435	3.887	3.312	3.112
腹板厚 $b(\text{m})$	0.056	0.056	0.056	0.056	0.056
钢腹板面积 $A(\text{m}^2)$	0.307	0.248	0.218	0.185	0.174
截面剪力 $Q(\text{kN})$	1000	1000	1000	1000	1000
腹板剪应力 $\tau(\text{MPa})$	1.767	2.203	2.955	3.713	4.447

不同计算方法波形钢腹板剪应力、承剪比如图2-7和图2-8所示。

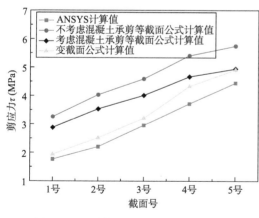

图2-7 不同计算方法波形钢腹板剪应力值

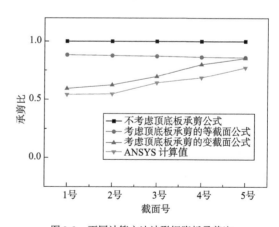

图2-8 不同计算方法波形钢腹板承剪比

由图2-7及图2-8可看出,三种波形钢腹板剪应力计算方法剪应力趋势与有限元计算值相同,越靠近悬臂端剪应力值越大,不考虑变截面效应按等截面梁且剪力按全部由波形钢腹板承担所得波形钢腹板承剪比(即波形钢腹板承担剪力占截面总剪力的比例)与有限元计算值差异最大,波形钢腹板承剪比有限元计算值比公式计算值都要小,但与考虑变截面效应承剪计算公式结果最接近。

2.2 弹性屈曲强度计算

波形钢腹板组合箱梁由于腹板轴向刚度小,因此该类结构为腹板剪切屈曲或剪切屈服等剪切破坏形式的构件。波形钢腹板剪切屈曲模式主要有局部屈曲、整体屈曲和相关屈曲3种模式,如图2-9所示。波形钢腹板形状参数(波高、直板宽、腹板高度、板厚等)是影响腹板剪切屈曲强度的主要参数,在承载力极限状态下,为了使腹板具有所需的剪切承载力,且不产生剪切屈曲,必须恰当地设定腹板的各个参数取值。

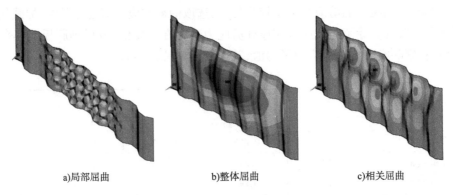

a)局部屈曲　　　　b)整体屈曲　　　　c)相关屈曲

图2-9　波形钢腹板典型屈曲模态

2.2.1　局部屈曲

波形钢腹板的局部剪切屈曲是在腹板的子板中发生的屈曲,其弹性局部屈曲强度 $\tau_{cr,L}^{e}$ 计算公式可根据 Timoshenko S P 的经典推导得出:

$$\tau_{cr,L}^{e} = k_L \frac{\pi^2 E}{12(1-\nu^2)} \left(\frac{t_w}{a_w}\right)^2 \tag{2-23}$$

式中: k_L ——局部剪切屈曲系数,其取值与边界条件相关;

　　　t_w ——波形钢腹板厚度;

　　　a_w ——波形钢腹板平板与斜板宽度最大值(一般取平板宽度);

　　　E 和 ν ——波形钢腹板的弹性模量和泊松比。

当钢板的边界约束条件为四边简支时:

$$k_L = 5.34 + 4\left(\frac{a_w}{h_w}\right)^2 \tag{2-24}$$

当钢板的边界约束条件为四边固定时:

$$k_L = 8.98 + 5.6\left(\frac{a_w}{h_w}\right)^2 \tag{2-25}$$

当钢板的边界约束条件为长边简支、短边固定时:

$$k_L = 5.34 + 2.31\left(\frac{a_w}{h_w}\right) - 3.44\left(\frac{a_w}{h_w}\right)^2 + 8.39\left(\frac{a_w}{h_w}\right)^3 \tag{2-26}$$

当钢板的边界约束条件为短边简支、长边固定时：

$$k_L = 8.98 + 5.61\left(\frac{a_w}{h_w}\right)^2 - 1.99\left(\frac{a_w}{h_w}\right)^3 \tag{2-27}$$

上述式中：h_w——波形钢腹板高度。

实际工程中常用的波形钢腹板尺寸见表2-5,表中符号含义如图2-10所示。

常用波形钢腹板截面尺寸(mm)　　表2-5

类型	a	b	c	d	α	波长
1000型	340	160	340	180	45°	1000
1200型	330	270	330	200	35°	1200
1600型	430	370	430	220	30°	1600

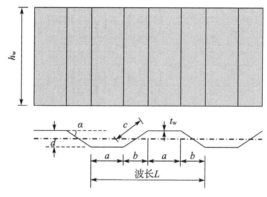

图2-10　波形钢腹板尺寸示意图

2.2.2　整体屈曲

将波形钢腹板等效为四边弹性支撑的正交异性板,利用能力原理可推导出其弹性整体剪切屈曲强度 $\tau_{cr,G}^e$,即：

$$\tau_{cr,G}^e = 36\beta \frac{(EI_y)^{\frac{1}{4}}(EI_x)^{\frac{3}{4}}}{h_w^2 t_w} \tag{2-28}$$

式中：β——边界嵌固系数(简支取1.0,固定取1.9);

h_w——波形钢腹板高度;

I_y——高度方向中心轴单位长度上的惯性矩, $I_y = \dfrac{t_w^3}{12(1-\nu^2)}$;

I_x——轴向中心轴单位长度上的惯性矩, $I_x = \dfrac{t_w^3[1+(d/t_w)^2]}{6\eta}$;

d——波高;

η——波形钢腹板形状系数, $\eta = \dfrac{a+b}{a+c}$。

2.2.3 相关屈曲

波形钢腹板相关屈曲是介于局部屈曲和整体屈曲之间的一种屈曲模态,目前对于这种复杂的屈曲临界荷载$\tau_{cr,I}^e$还没有理论公式推导,国内外学者基于试验和有限元分析给出了不同的计算公式,见表2-6。国内既有规范主要采用下式进行计算:

$$\left(\frac{1}{\tau_{cr,I}^e}\right)^4 = \left(\frac{1}{\tau_{cr,L}^e}\right)^4 + \left(\frac{1}{\tau_{cr,G}^e}\right)^4 \tag{2-29}$$

相关剪切屈曲强度计算公式 表2-6

学者	计算公式
Berfelt	$\dfrac{1}{\tau_{cr,I}^e} = \dfrac{1}{\tau_{cr,L}^e} + \dfrac{1}{\tau_{cr,G}^e}$
Metwally E I	$\left(\dfrac{1}{\tau_{cr,I}^e}\right)^2 = \left(\dfrac{1}{\tau_{cr,L}^e}\right)^2 + \left(\dfrac{1}{\tau_{cr,G}^e}\right)^2 + \left(\dfrac{1}{\tau_y}\right)^2$
Sayed Ahamed	$\left(\dfrac{1}{\tau_{cr,I}^e}\right)^3 = \left(\dfrac{1}{\tau_{cr,L}^e}\right)^3 + \left(\dfrac{1}{\tau_{cr,G}^e}\right)^3 + \left(\dfrac{1}{\tau_y}\right)^3$
Abbas	$\left(\dfrac{1}{\tau_{cr,I}^e}\right)^2 = \left(\dfrac{1}{\tau_{cr,L}^e}\right)^2 + \left(\dfrac{1}{\tau_{cr,G}^e}\right)^2$
Hiroshi	$\left(\dfrac{1}{\tau_{cr,I}^e}\right)^4 = \left(\dfrac{1}{\tau_{cr,L}^e}\right)^4 + \left(\dfrac{1}{\tau_{cr,G}^e}\right)^4$

2.3 非弹性屈曲强度计算方法

2.3.1 屈曲强度计算公式

(1) 非弹性屈曲曲线

在2.1.1节和2.1.2节中波形钢腹板局部和整体屈曲临界荷载的计算方法是在完全弹性的工作前提下得到的,与其实际受力情况并不相符。日本波形钢腹板组合箱梁桥的相关设计规范考虑了结构在弹性、非弹性及塑性范围内的屈曲情况,非弹性屈曲曲线如图2-11所示,指出无论局部屈曲还是整体屈曲,当计算所求得的临界应力大于0.8倍的钢材剪切屈服强度,波形钢腹板将发生非弹性屈曲。以剪切屈曲系数$\lambda_s = \left(\dfrac{\tau_y}{\tau_{cr,L(G,I)}}\right)^{0.5}$为参数,局部屈曲和整体屈曲时波形钢腹板非弹性剪切屈曲临界应力可用下式进行计算:

$$\frac{\tau_{n,F}}{\tau_y} = \begin{cases} 1 & \lambda_s \leq 0.6 \\ 1 - 0.614(\lambda_s - 0.6) & 0.6 \leq \lambda_s \leq \sqrt{2} \\ \frac{1}{\lambda_s^2} & \lambda_s \geq \sqrt{2} \end{cases} \quad (2\text{-}30)$$

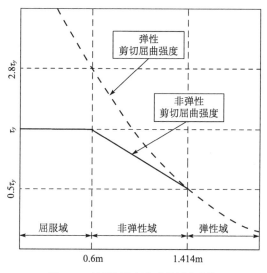

图 2-11 波形钢腹板非弹性屈曲曲线

则局部、整体及相关屈曲的剪切屈曲系数可表示为:

$$\lambda_L = \sqrt{\frac{\tau_y}{\tau_{cr,L}}} = \begin{cases} \dfrac{h_w}{\pi t_w}\sqrt{\dfrac{12(1-\nu^2)\tau_y}{k_L E}} & \tau_{cr,L} < 0.8\tau_y \\ \sqrt{\dfrac{h_w}{\pi t_w}\sqrt{\dfrac{12(1-\nu^2)\tau_y}{0.8 k_L E}}} & \tau_{cr,L} \geq 0.8\tau_y \end{cases} \quad (2\text{-}31)$$

$$\lambda_G = \sqrt{\frac{\tau_y}{\tau_{cr,G}}} = \begin{cases} h_w\sqrt{\dfrac{12\tau_y h_w^2}{k_G F(\alpha,\eta) E t_w^{\frac{1}{2}} a_1^{\frac{3}{2}}}} & \tau_{cr,G} < 0.8\tau_y \\ \sqrt{h_w\sqrt{\dfrac{12\tau_y}{0.8 k_G F(\alpha,\eta) E t_w^{\frac{1}{2}} a_1^{\frac{3}{2}}}}} & \tau_{cr,G} \geq 0.8\tau_y \end{cases} \quad (2\text{-}32)$$

$$\lambda_{I,n} = \sqrt{\frac{\tau_y}{\tau_{cr,I,n}}} = (\lambda_L^{2n} + \lambda_G^{2n})^{\frac{1}{2n}} \quad (2\text{-}33)$$

即:
$$\lambda_{I,n}^{2n} = \lambda_L^{2n} + \lambda_G^{2n} \quad (2\text{-}34)$$

利用上述各屈曲系数,弹性阶段局部、整体和相关屈曲的标准化强度计算表达式可表示为:

$$\rho_{L,el} = \frac{\tau_{cr,L}}{\tau_y} = \frac{1}{\lambda_L^2} \quad (2\text{-}35)$$

$$\rho_{G,el} = \frac{\tau_{cr,G}}{\tau_y} = \frac{1}{\lambda_G^2} \tag{2-36}$$

$$\rho_{I,n,el} = \frac{\tau_{cr,I,n}}{\tau_y} = \frac{1}{\lambda_{I,n}^2} \tag{2-37}$$

同理,标准化的非弹性屈曲强度可表示为(当弹性屈曲强度τ_{cr}大于0.8倍的剪切屈服强度):

$$\rho_{inel} = \frac{\tau_{inel}}{\tau_y} = \frac{\sqrt{0.8\,\tau_y\,\tau_{cr}}}{\tau_y} = \sqrt{0.8\,\frac{\tau_y\,\tau_{cr}}{\tau_y\,\tau_y}} = \sqrt{\frac{0.8}{\lambda^2}} = \frac{0.894}{\lambda} \leq 1.0 \tag{2-38}$$

式中:λ——局部、整体或相关弹性剪切屈曲系数。

(2) Driver 公式

加拿大阿尔伯塔大学 Driver 教授依据局部屈曲强度和整体屈曲强度提出了设计波形钢腹板剪切强度的计算公式:

$$\tau_{n,D} = \sqrt{\frac{\tau_L^2 \cdot \tau_G^2}{\tau_L^2 + \tau_G^2}} \tag{2-39}$$

式中:τ_L 和 τ_G——局部和整体屈曲强度。

这个公式是由弹性相关屈曲的计算公式演变而来($n=2$),Driver 教授用该公式预测波形钢腹板各阶段(包括弹性阶段、非弹性阶段及塑性屈服阶段)的剪切屈曲强度,并建议计算局部和整体屈曲时τ_L取5.34,τ_G取31.6。

标准化后的剪切强度计算公式,$\rho_{n,D}$可表示为:

$$\rho_{n,D} = \frac{\tau_{n,D}}{\tau_y} = \sqrt{\frac{\rho_L^2 \rho_G^2}{\rho_L^2 + \rho_G^2}} \tag{2-40}$$

式中,当$\rho_{L,el} \leq 0.8$,则$\rho_L = \rho_{L,el}$,否则$\rho_L = \rho_{L,inel}$;当$\rho_{G,el} \leq 0.8$,则$\rho_G = \rho_{G,el}$,否则$\rho_G = \rho_{G,inel}$。

(3) Metwally E I 公式

卡尔加里大学 Metwally E I 将剪切强度表达为弹性局部屈曲强度、弹性整体屈曲强度及材料剪切屈服强度的函数:

$$\tau_n = \left(\frac{1}{\tau_{L,el}^n} + \frac{1}{\tau_{G,el}^n} + \frac{1}{\tau_y^n} \right)^{-\frac{1}{n}} \tag{2-41}$$

Metwally E I 建议n值取2,则式(2-41)中τ_n的上限为$\min(\tau_{L,el}, \tau_{G,el}, \tau_y)$。标准后的强度计算公式,$\rho_{n,M}$可表示为:

$$\rho_{n,M} = \frac{\tau_{n,M}}{\tau_y} = \left(\frac{1}{\rho_{L,el}^2} + \frac{1}{\rho_{G,el}^2} + 1 \right)^{-\frac{1}{2}} = \left(\frac{1}{\lambda_{L,2}^4 + 1} \right)^{\frac{1}{2}} \tag{2-42}$$

在国内已建或在建的实际工程中,波形钢腹板的剪切屈曲以局部屈曲、整体屈曲和相关屈曲三者强度最小值作为控制设计。

2.3.2 屈曲强度计算方法的适用性

由上节分析可知,三种剪切屈曲强度值与波形钢腹板几何参数存在一定的关系,下面分析各几何参数之间的相互制约关系及其对各类屈曲强度的影响,给出各类屈曲强度计算适用公式,并由此提出在波形钢腹板剪切屈曲设计时这些几何参数确定的先后关系。

(1) 局部屈曲强度

由上节给出的局部屈曲强度计算公式可知,影响波形钢腹板局部屈曲强度的主要因素有剪切参数 k_L、板厚 t_w 和平板宽度 a_w。

其中剪切参数 k_L 与腹板高度 h_w、平板宽度 a_w 有关,图2-12 中给出了不同边界条件下三者之间的变化关系。从图2-12 可以看出,四边简支与长边简支短边固定两种边界条件下剪切参数取值与腹板几何参数相差不大,且腹板几何参数对其基本没有影响,同样四边固定和长边固定短边简支两种边界条件下剪切参数取值也基本一致。一般而言,由于波形钢腹板纵向刚度较小,故其长边一般假定为简支更为合理,因此,k_L 可按式(2-31)和式(2-32)进行计算,实际工程计算中一般偏保守,按式(2-31)计算。

通过上述分析可知,局部屈曲计算公式中剪切参数 k_L 可近似取为 5.35,那么波形钢腹板局部屈曲强度仅与板厚 t_w 和平板宽度 a_w 有关。由表2-4 可知,实际工程中常用的波形钢腹板平板宽度 a_w 取值是固定的(工程中应用最多的是1600型,即 a_w = 430mm),那么考虑非弹性影响,按式(2-23)计算出腹板厚度值,则可避免发生局部屈曲破坏。

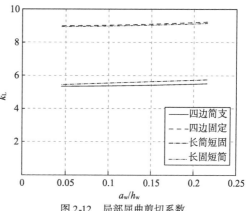

图2-12 局部屈曲剪切系数

(2) 整体屈曲强度

由式(2-28)可知,整体屈曲强度与边界嵌固系数 β、腹板厚度 t_w、平板宽度 a_w、折板角度 α 和腹板高度 h_w 有关。

其中与波形钢腹板上下缘的约束程度有关的参数 β 简支取 1.0,固定取 1.9。图2-13 给出了不同 β 取值时既有试验的计算结果,从图2-13 可以看出,对于上下为钢翼缘板的波形钢腹板梁而言,上下缘约束按简支计算较为合理,即取 β = 1.0,而对上下缘为混凝土板时,约束条件应按固定处理,即 β = 1.9。实际工程中,波形钢腹板上下缘均为混凝土板,因此,波形钢腹板剪切屈曲设计应取 β = 1.9 进行计算。

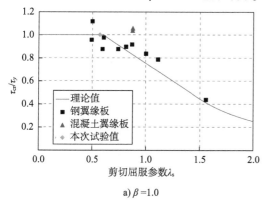
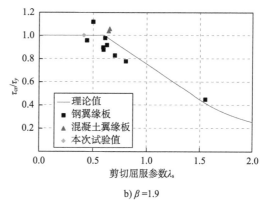

a) β = 1.0　　　　b) β = 1.9

图2-13 整体屈曲强度试验值与计算值对比

而影响整体屈曲强度的4个波形钢腹板几何参数中,腹板厚度 t_w 和平板宽度 a_w 可由局部屈曲强度确定,因此,整体屈曲强度可由其余两个参数折板角度 α 和腹板高度 h_w 确定。同样,由表2-4可知,实际工程中常用的波形钢腹板折板角度 α 取值是固定的(其中1600型对应折板角度 α 为30.7°),同理按式(2-28)计算出腹板高度值,即可避免发生整体屈曲破坏。

(3)相关屈曲强度

图2-14~图2-16中给出了既有试验结果与各剪切屈曲强度理论值计算对比结果,若采用剪切屈曲系数作为横坐标(x轴),然后将各理论值与试验测得结果进行标准化处理[即采用理论值 τ_{cr}、试验值 τ_e 与材料屈服强度 τ_y 的比值作为纵坐标(y轴)],据此可评价各剪切屈曲设计曲线的准确性,为了直观评价试验结果与理论计算值的相关度,图2-14~图2-16也给出了各组试验剪切破坏值 V_e 和屈曲强度理论值 $V_F(D,M)$ 的比值结果(y轴)及其相关度的分布。由图2-14的对比结果可知,非弹性屈曲曲线过高地估计了波形钢腹板梁的实际屈曲承载力,尤其是以弹性局部剪切屈曲系数 λ_L 和弹性整体剪切屈曲系数 λ_G 单独作为计算参数(x轴坐标),多组试验结果都落在了曲线的下方,具体来说如图2-14a)和图2-14b)所示,以弹性局部剪切屈曲系数 λ_L 作为计算参数,50.5%的试验破坏值小于屈曲强度理论值;以弹性整体剪切屈曲系数 λ_G 作为计算参数,70.3%的试验破坏值小于屈曲强度理论值,这说明单一地以 λ_L 或 λ_G 作为计算参数都将使得设计强度偏低。一般在工程设计时,往往要求同时计算弹性局部屈曲应力和弹性整体屈曲应力,然后取其较小者作为临界强度,即剪切屈曲系数应该是依据取 λ_L 和 λ_G 中的较大值。为便于统一,相关剪切屈曲系数(λ_I)作为计算参数,其实质也是用数学的方法确定局部和整体屈曲临界荷载的较小值。研究发现,以相关屈曲系数作为计算参数,非弹性屈曲曲线的计算精度得到较大的改善,如图2-14c)和图2-14d)所示,大多数试验数据位于曲线的上方,试验值低于强度设计值的比例约为16.83%。由Driver学者依据二阶弹性相关剪切屈曲提出的考虑局部和整体非弹性强度的计算方法具有较好的可靠度。如图2-15所示,101组试验梁中仅有7组试验破坏的剪力值低于强度设计曲线,位于强度设计值下方试验梁数目比例仅占总数的6.93%。由图2-15还可以看出式(2-39)所计算的屈曲强度理论值与实际剪切屈曲破坏值间的相关性较好,V_e/V_D 值大部分在1.0~1.6之间。

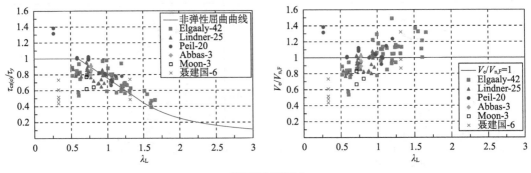

a)剪切屈曲系数为 λ_L

图 2-14

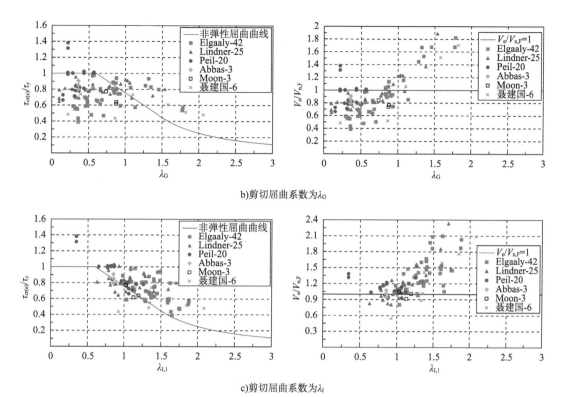

b) 剪切屈曲系数为 λ_G

c) 剪切屈曲系数为 λ_I

图 2-14 非弹性屈曲曲线与既有试验值对比

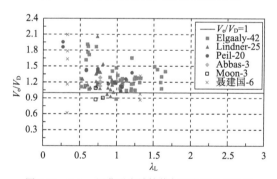

图 2-15 Driver 屈曲强度计算值与既有试验值对比

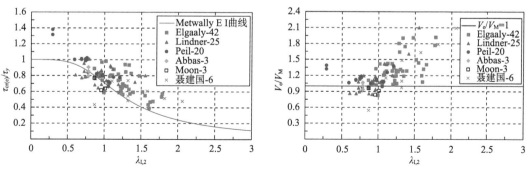

图 2-16 Metwally E I 屈曲强度计算值与既有试验值对比

由图2-14~图2-16可知,上下为钢翼缘板的波形钢腹板梁如按整体屈曲或者局部屈曲控制设计偏危险,如按相关屈曲强度进行评价则偏安全。而对于上下翼缘为混凝土板的组合梁而言,采用组合屈曲强度可能造成实际工程不经济。综上可知,对于钢翼缘板波形钢腹板梁可采用相关屈曲强度计算其剪切屈曲承载力,而对于混凝土翼缘板的波形钢腹板组合梁,应采用忽略相关屈曲强度的评价方法,由局部屈曲和整体屈曲来控制设计。

2.3.3 大跨径变截面波形钢腹板组合箱梁桥抗剪设计案例

以鄱阳湖饶州特大桥为例,介绍大跨径变截面波形钢腹板组合箱梁桥抗剪计算主要内容及步骤。

1) 设计资料

(1) 工程概况

鄱阳湖饶州特大桥为江西省内跨径最大的波形钢腹板组合箱梁桥,跨径布置为83m + 152m + 83m = 318m,边中跨比例为0.546(图2-17)。变截面箱梁梁底线型按1.8次抛物线变化,箱梁根部梁高(箱梁底板中心处高度)为9.2m,跨中梁高(箱梁底板中心处高度)为4.2m,箱梁顶板全宽为11.9m,设有2.0%的单向横坡。

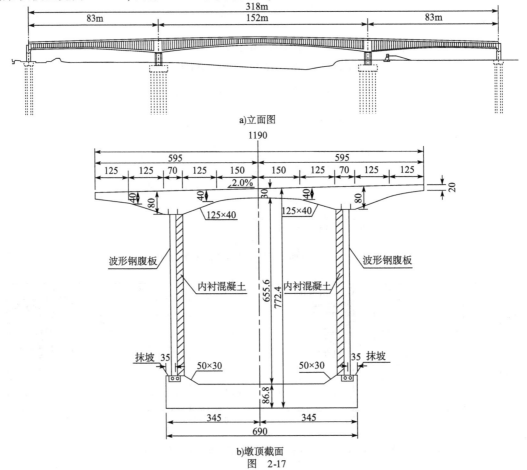

a) 立面图

b) 墩顶截面

图 2-17

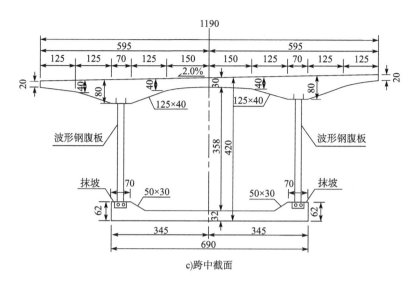

c) 跨中截面

图 2-17 鄱阳湖饶州特大桥结构布置示意图(尺寸单位:cm)

顶板厚度悬浇梁段和合龙段均为 30cm,底板宽度为 6.9m,厚度为 32cm(跨中)~110cm(墩顶)。钢腹板厚度 0~2 号梁段为 30mm,3~5 号梁段为 28mm,6~8 号梁段为 25mm,9~12 号梁段为 22mm,13~15 号梁段为 16mm,16 号梁段及边、中跨合龙段、边跨现浇段为 14mm,在 0~4 号梁段及边跨现浇段腹板内侧设置内衬混凝土,内衬混凝土厚度 0.35~0.85m。箱梁在梁端设置一道 2.0m 厚横梁,中墩顶各设置 1 道 3.0m 厚横梁,中跨设置 8 道横隔板,边跨设置 4 道横隔板。

(2)有限元模型建立

采用 Midas Civil 建立实桥杆系有限元模型(图 2-18),计算实桥各荷载工况下内力值。混凝土采用 C60,弹性模量为 3.65×10^4 MPa;波形钢腹板采用 Q345C 钢板,弹性模量为 2.06×10^5 MPa;预应力钢绞线的弹性模量为 1.95×10^5 MPa。计算分析考虑结构自重、混凝土收缩徐变、预应力、汽车荷载、人群荷载及温度作用。其中汽车荷载等级为公路 I 级,行车道横向按单向双车道加载计算。

图 2-18 鄱阳湖饶州特大桥有限元模型

2)抗剪强度验算

既有相关规范针对大跨径变截面波形钢腹板组合箱梁钢腹板抗剪强度的设计验算,不考虑内衬混凝土及混凝土顶底板的抗剪贡献,偏安全地认为剪力全部由波形钢腹板承担。由前面分析可知,对变截面梁而言,不考虑混凝土顶底板抗剪贡献的设计是不经济的,故本节分别利用既

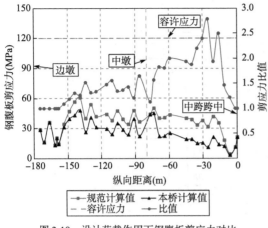

图2-19 设计荷载作用下钢腹板剪应力对比

有相关规范和考虑弯矩引起的底板附加剪应力对鄱阳湖饶州特大桥的抗剪强度进行验算,并对比分析两者之间的差异,如图2-19所示。

从图2-19中可看出,设计荷载最不利组合工况下,钢腹板最大剪应力均小于波形钢腹板的容许剪应力120MPa,满足抗剪设计要求。此外通过对比规范计算值和本桥计算值可以看出,对于大跨径变截面波形钢腹板组合箱梁桥而言,由于变截面效应存在,钢腹板实际剪应力值比规范计算值小很多,为了充分利用材料,并提高经济性,实际工程中应考虑弯矩作用下底板产生的附加剪力的贡献。

3) 剪切屈曲稳定性验算

(1) 局部屈曲

波形钢腹板的局部屈曲强度可按式(2-30)进行验算,钢腹板局部屈曲临界应力$\tau_{cr,L}$按式(2-23)求解,计算结果见表2-7,极限荷载作用下钢腹板局部屈曲验算曲线如图2-20所示。

极限荷载作用下钢腹板局部屈曲验算　　　　表2-7

纵向位置 (m)	钢腹板高度 h_w (cm)	钢腹板厚度 t_w (mm)	剪切系数 K_L	弹性局部屈曲强度 $\tau^e_{cr,L}$ (MPa)	局部剪切屈曲参数 λ_s	局部屈曲临界应力 $\tau_{cr,L}$ (MPa)	剪应力 τ_d (MPa)	安全系数
-174.6	272.3	14	5.44	1041.3	0.44	199.2	87.46	2.28
-171.2	275.0	14	5.44	1040.9	0.44	199.2	68.06	2.93
-166.4	275.0	14	5.44	1040.9	0.44	199.2	42.01	4.74
-161.6	275.0	14	5.44	1040.9	0.44	199.2	36.36	5.48
-160.0	275.0	14	5.44	1040.9	0.44	199.2	27.78	7.17
-158.4	275.0	14	5.44	1040.9	0.44	199.2	19.22	10.36
-153.6	279.2	14	5.43	1040.3	0.44	199.2	15.21	13.10
-148.8	288.5	14	5.43	1039.2	0.44	199.2	45.12	4.41
-144.0	301.9	14	5.42	1037.7	0.44	199.2	66.38	3.00
-139.2	318.9	16	5.41	1353.3	0.38	199.2	72.88	2.73
-134.4	339.1	16	5.40	1351.2	0.38	199.2	76.85	2.59
-129.6	362.4	16	5.40	1349.2	0.38	199.2	85.97	2.32
-124.8	388.7	20	5.39	2105.2	0.31	199.2	73.64	2.71
-110.4	483.4	24	5.37	3021.8	0.26	199.2	69.53	2.86
-105.6	519.9	24	5.37	3019.3	0.26	199.2	72.99	2.73
-100.8	559.0	28	5.36	4106.8	0.22	199.2	64.28	3.10

续上表

纵向位置 (m)	钢腹板高度 h_w (cm)	钢腹板厚度 t_w (mm)	剪切系数 K_L	弹性局部屈曲强度 $\tau_{cr,L}^e$ (MPa)	局部剪切屈曲参数 λ_s	局部屈曲临界应力 $\tau_{cr,L}$ (MPa)	剪应力 τ_d (MPa)	安全系数
-96.0	600.3	28	5.36	4104.4	0.22	199.2	66.32	3.00
-91.2	644.0	30	5.36	4709.4	0.21	199.2	65.05	3.06
-77.0	640.0	30	5.36	4709.6	0.21	199.2	108.42	1.84
-73.6	690.0	30	5.36	4707.3	0.21	199.2	75.69	2.63
-68.8	644.0	30	5.36	4709.4	0.21	199.2	74.38	2.68
-64.0	600.3	28	5.36	4104.4	0.22	199.2	77.07	2.58
-59.2	559.0	28	5.36	4106.8	0.22	199.2	75.82	2.63
-44.8	449.2	20	5.38	2100.4	0.31	199.2	101.01	1.97
-40.0	417.6	20	5.38	2102.6	0.31	199.2	100.79	1.98
-35.2	388.7	20	5.39	2105.2	0.31	199.2	95.61	2.08
-30.4	362.4	16	5.40	1349.2	0.38	199.2	115.08	1.73
-25.6	339.1	16	5.40	1351.2	0.38	199.2	107.61	1.85
-20.8	318.9	16	5.41	1353.3	0.38	199.2	105.18	1.89
-16.0	301.9	14	5.42	1037.7	0.44	199.2	105.01	1.90
-11.2	288.5	14	5.43	1039.2	0.44	199.2	85.32	2.33
-6.4	279.2	14	5.43	1040.3	0.44	199.2	56.71	3.51
-1.6	275.0	14	5.44	1040.9	0.44	199.2	29.88	6.67
0.0	275.0	14	5.44	1040.9	0.44	199.2	21.59	9.23

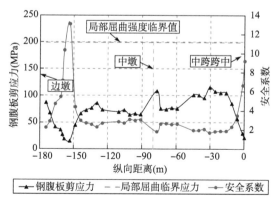

图 2-20 极限荷载作用下钢腹板局部屈曲验算曲线

从表 2-6 中可以看出,全桥钢腹板局部剪切屈曲系数 $\lambda_s < 0.6$,由图 2-20 可知,钢腹板屈曲发生在屈服区域内,即钢腹板屈服破坏先于屈曲破坏。从图 2-20 中可以看出,全桥各截面钢腹板在极限荷载作用下最大剪应力 $\tau_d = 115.08 \text{MPa}$,均满足 $\tau_d \leqslant \tau_{cr,L}$,且基本具备 2 倍以上

的安全系数,因此波形钢腹板不会发生局部屈曲。

(2) 整体屈曲

波形钢腹板的整体屈曲强度可按式(2-30)进行验算,其中$\tau_{cr,G}^e$按式(2-28)计算,β取1.9。承载力极限状态下钢腹板剪应力τ_d取值与局部屈曲一致,计算结果见表2-8,极限荷载作用下钢腹板整体屈曲验算曲线如图2-21所示。

极限荷载作用下钢腹板整体屈曲验算　　　　表2-8

纵向位置 (m)	钢腹板高度 h_w (cm)	钢腹板厚度 t_w (mm)	弹性整体 屈曲强度$\tau_{cr,G}^e$ (MPa)	整体剪切 屈曲参数λ_s	整体屈曲 临界应力$\tau_{cr,L}$ (MPa)	剪应力τ_d (MPa)	安全系数
-174.6	272.3	14	3423.53	0.24	199.2	87.46	2.28
-171.2	275.0	14	3356.63	0.24	199.2	68.06	2.93
-166.4	275.0	14	3356.63	0.24	199.2	42.01	4.74
-161.6	275.0	14	3356.63	0.24	199.2	36.36	5.48
-160.0	275.0	14	3356.63	0.24	199.2	27.78	7.17
-158.4	275.0	14	3356.63	0.24	199.2	19.22	10.36
-153.6	279.2	14	3256.4	0.25	199.2	15.21	13.10
-148.8	288.5	14	3049.84	0.26	199.2	45.12	4.41
-144.0	301.9	14	2785.11	0.27	199.2	66.38	3.00
-139.2	318.9	16	2670.9	0.27	199.2	72.88	2.73
-134.4	339.1	16	2362.17	0.29	199.2	76.85	2.59
-129.6	362.4	16	2068.19	0.31	199.2	85.97	2.32
-124.8	388.7	20	2014.45	0.31	199.2	73.64	2.71
-110.4	483.4	24	1430.65	0.37	199.2	69.53	2.86
-105.6	519.9	24	1236.83	0.40	199.2	72.99	2.73
-100.8	559.0	28	1159.25	0.41	199.2	64.28	3.10
-96.0	600.3	28	1005.23	0.45	199.2	66.32	3.00
-91.2	644.0	30	905.689	0.47	199.2	65.05	3.06
-77.0	640.0	30	917.045	0.47	199.2	108.42	1.84
-73.6	690.0	30	788.955	0.50	199.2	75.69	2.63
-68.8	644.0	30	905.689	0.47	199.2	74.38	2.68
-64.0	600.3	28	1005.23	0.45	199.2	77.07	2.58
-59.2	559.0	28	1159.25	0.41	199.2	75.82	2.63
-44.8	449.2	20	1508.36	0.36	199.2	101.01	1.97
-40.0	417.6	20	1745.27	0.34	199.2	100.79	1.98
-35.2	388.7	20	2014.45	0.31	199.2	95.61	2.08

续上表

纵向位置 (m)	钢腹板高度 h_w (cm)	钢腹板厚度 t_w (mm)	弹性整体屈曲强度 $\tau_{cr,G}^e$ (MPa)	整体剪切屈曲参数 λ_s	整体屈曲临界应力 $\tau_{cr,L}$ (MPa)	剪应力 τ_d (MPa)	安全系数
-30.4	362.4	16	2068.19	0.31	199.2	115.08	1.73
-25.6	339.1	16	2362.17	0.29	199.2	107.61	1.85
-20.8	318.9	16	2670.9	0.27	199.2	105.18	1.89
-16.0	301.9	14	2785.11	0.27	199.2	105.01	1.90
-11.2	288.5	14	3049.84	0.26	199.2	85.32	2.33
-6.4	279.2	14	3256.4	0.25	199.2	56.71	3.51
-1.6	275.0	14	3356.63	0.24	199.2	29.88	6.67
0.0	275.0	14	3356.63	0.24	199.2	21.59	9.23

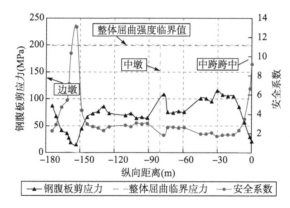

图 2-21 极限荷载作用下钢腹板整体屈曲验算曲线

从表 2-7 中可以看出,与局部屈曲验算一样,全桥波形钢腹板整体剪切屈曲系数 $\lambda_s<0.6$,钢腹板整体屈曲也发生在屈服区域内,各截面钢腹板上的剪应力均满足 $\tau_d\leqslant\tau_{cr,G}$,即波形钢腹板不会发生整体屈曲。

2.4 波形钢腹板组合箱梁非线性剪切屈曲分析模型

2.4.1 非线性剪切屈曲分析模型建立

利用 ABAQUS 有限元软件建立变截面波形钢腹板 PC 组合箱梁有限元分析模型,考虑几何、材料、接触非线性和结构初始几何缺陷和预应力等因素的影响,基于 Riks 算法对结构非线性剪切屈曲全过程进行分析。并结合非线性有限元分析模型分析波形尺寸缺陷、直板段(斜板段)宽度、板厚、波高、横隔板间距及内衬混凝土厚度对波形钢腹板屈曲模态和屈曲极限荷载的影响。非线性剪切屈曲分析的主要步骤如下:

第一步:基于 ABAQUS 有限元软件建立变截面波形钢腹板 PC 组合箱梁桥几何模型并定义材料属性:混凝土翼缘采用 C3D8R 单元模拟并采用损伤塑性本构(CDP)模型;波形钢腹板采用 S4R 单元模拟并采用考虑拉、压应变强化弹塑性本构模型;钢筋采用 T3D3 单元模拟,预应力作用通过降温法模拟;波形钢腹板与混凝土起连接作用的栓钉用双向弹簧模拟,即用轴向线性弹簧模拟栓钉的抗拔作用,用切向非线性弹簧模拟栓钉的抗剪作用;采用一致缺陷模态法模拟初始几何缺陷。

第二步:首先进行线性屈曲分析,采用特征值的 Lanczos 方法及子空间迭代法提取前 n 阶特征值与模态。修改 inp 文件:

* node file, global = yes

* End Step

此修改目的在于:在下一步后屈曲分析所需要的初始缺陷的节点输出为.fil 文件。

第三步:在特征值分析的基础上开展非线性屈曲分析,采用位移控制加修正的弧长法,定义材料、几何、接触非线性,通过节点标签引入初始缺陷,通过修改 inp 文件嵌入上一步静力分析得到的.fil 文件节点数据:

* IMPERFECTION, FILE = result_file, STEP = step

Mode number, its associated scale factor

第四步:基于上述建立的非线性有限元分析模型,改变引入屈曲模态的阶数和缺陷因子的大小、波形几何尺寸(板宽、板厚、波高)、横隔板间距及内衬混凝土的厚度进行参数分析,确定影响极限抗剪承载力和破坏模式的关键参数,优化结构设计。

2.4.2 模型验证

采用上述模型对某波形钢腹板 PC 组合箱梁缩尺模型试验结果进行验证,如图 2-22 所示。分析结果表明悬臂侧波形钢腹板将会首先发生屈曲破坏,值得注意的是第一阶屈曲模态并未发生在腹板较高的左侧支座附近。但注意到线性特征值屈曲并未考虑材料和几何的非线性和初始缺陷的影响,通常会产生非保守的结果,是理想弹性结构的理论屈曲强度(分歧点)。

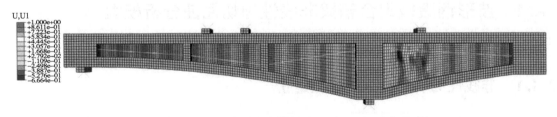

a)第一阶屈曲模态

图 2-22

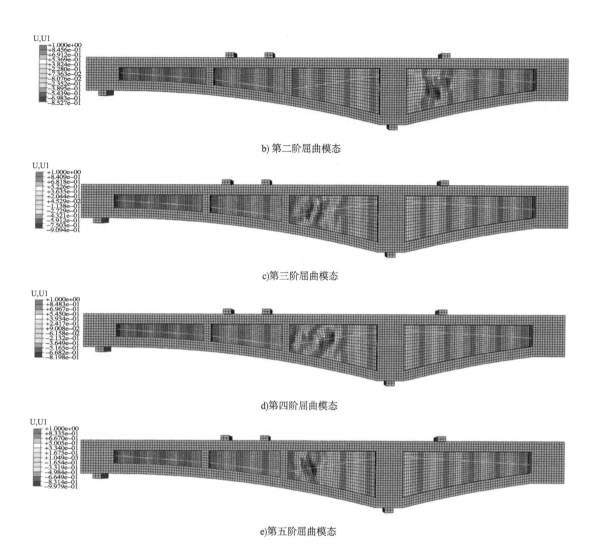

b) 第二阶屈曲模态

c) 第三阶屈曲模态

d) 第四阶屈曲模态

e) 第五阶屈曲模态

图 2-22 前五阶特征值屈曲模态

考虑材料和几何非线性及结构初始缺陷的影响，利用 ABAQUS 有限元软件基于 riks 算法实现模型线弹性变形过程—达到屈曲（服）临界点—屈曲（服）后的结构塑性变形全过程仿真模拟，前五阶特征值屈曲模态如图 2-23 所示。有限元的分析结果表明：如图 2-23a) 所示，波形钢腹板的剪应力低于材料的剪切屈服强度时，结果处于弹性变形阶段，钢腹板平面外仅发生很小的弹性变形（包括初始缺陷），结构处于稳定的平衡状态；继续加载至钢腹板上的剪应力达到钢材的剪切屈服强度时，变截面波形钢腹板某局部区域开始产生塑性变形，结构进入非弹性失稳的工作状态，如图 2-23b) 所示；如继续加载，波形钢腹板的塑性区进一步扩展，且在钢腹板塑化区域平面外的鼓曲变形迅速增加，结构进入不稳定受力状态，如图 2-23c) 所示。这表明波形钢腹板并未发生低于剪切屈服强度的弹性屈曲失稳，即试验梁钢腹板承受剪力作用时的受剪屈服破坏先于剪切屈曲。

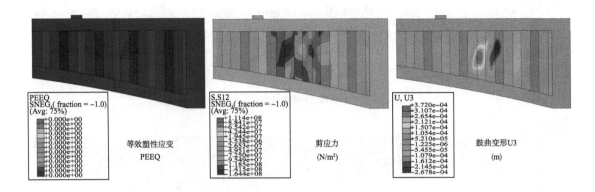

a) 弹性阶段

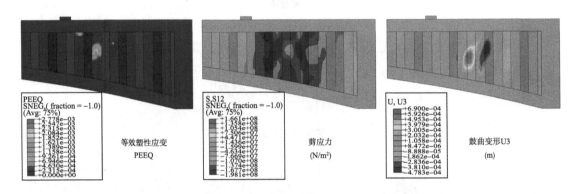

b) 屈曲临界点

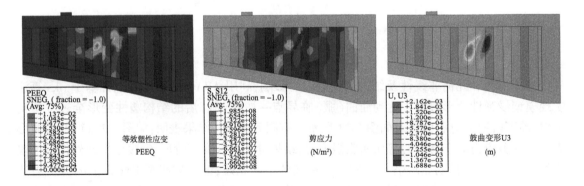

c) 塑性阶段

图 2-23　波形钢腹板非弹性失稳演变规律

2.5 波形钢腹板剪切屈曲强度参数分析

2.5.1 波形钢腹板初始缺陷

采用一致缺陷法,分别取波纹板初始缺陷乘子为0.1、0.01、0.001、0.0001,保持波形钢腹板其他参数一致,得出两个模型在不同初始缺陷的荷载位移曲线及屈曲极限荷载,如图2-24和图2-25所示。

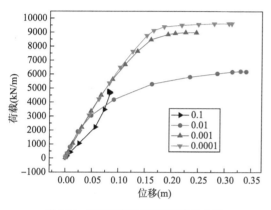

图2-24 不同缺陷乘子的荷载位移曲线　　图2-25 不同缺陷乘子屈曲极限荷载

由2-25可以看出,当缺陷乘子小于0.01时,荷载位移曲线形式趋于相同,而缺陷乘子为0.1时,其荷载位移曲线形式和其他三个都不相同,这可能是由于缺陷乘子大,节点坐标改变过大的原因。由图2-26可以看出,屈曲极限荷载随着缺陷乘子的增大而减小,缺陷乘子由0.0001到0.1,其屈曲极限荷载下降约50%。缺陷乘子小于0.01时不同缺陷乘子对应的屈曲极限荷载较为接近,由此可见,波形钢腹板对尺寸缺陷取值较为敏感,设计时应引起重视,根据分析结果及已有研究结果缺陷乘子取1/1000。

2.5.2 波形钢腹板厚度

由局部屈曲强度计算公式可看出波形钢腹板的厚度对局部屈曲影响很大,参考第1章中部分已建成波形钢腹板组合箱梁桥所取得波形钢板厚度值,建立6个不同板厚变截面波形钢腹板模型,变截面波形钢腹板厚度取值分别为9mm、12mm、15mm、22mm、26mm、28mm,除了板厚,保持各个模型线形变化、波形等其他钢腹板参数均一致,在波形钢腹板顶缘施加相同大小的线荷载,确定不同厚度的模态,选取波形钢腹板上位移最大值点绘制相应的荷载位移曲线,得出其屈曲极限荷载。

不同厚度波形钢腹板的特征值一阶屈曲模态云图如图2-26所示,特征值分析忽略了尺寸缺陷、材料及几何非线性对变截面波形钢腹板屈曲的影响。

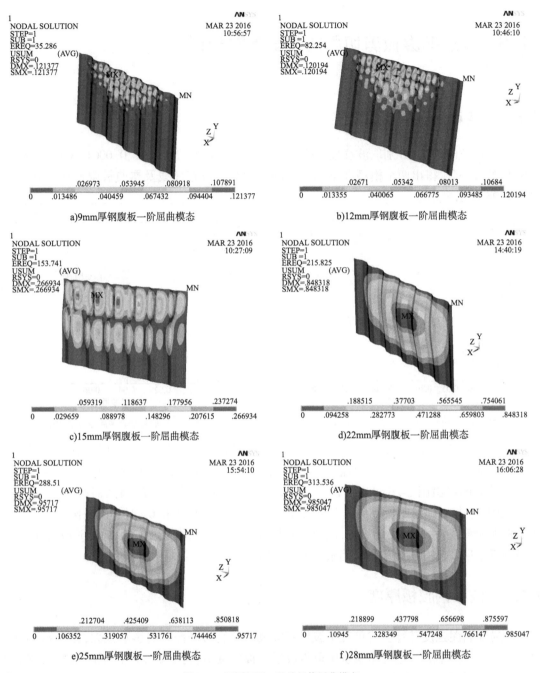

图 2-26 不同板厚一阶特征值屈曲模态

由图 2-26 一阶特征值屈曲模态可看出,其他波形钢腹板参数不变,随着板厚变化(9~28mm),波形钢腹板先是在单块板条内翘曲,随后在多个板条内贯通,发生整体屈曲,即随着钢腹板板厚的增加屈曲模式也在变化,由局部屈曲向整体屈曲变化。

当考虑变截面波形钢腹板的尺寸缺陷、材料及几何非线性时,进行非线性屈曲分析,不考虑后屈曲行为时,各板厚荷载位移曲线如图 2-27 所示,不同板厚屈曲极限荷载如图 2-28 所示。

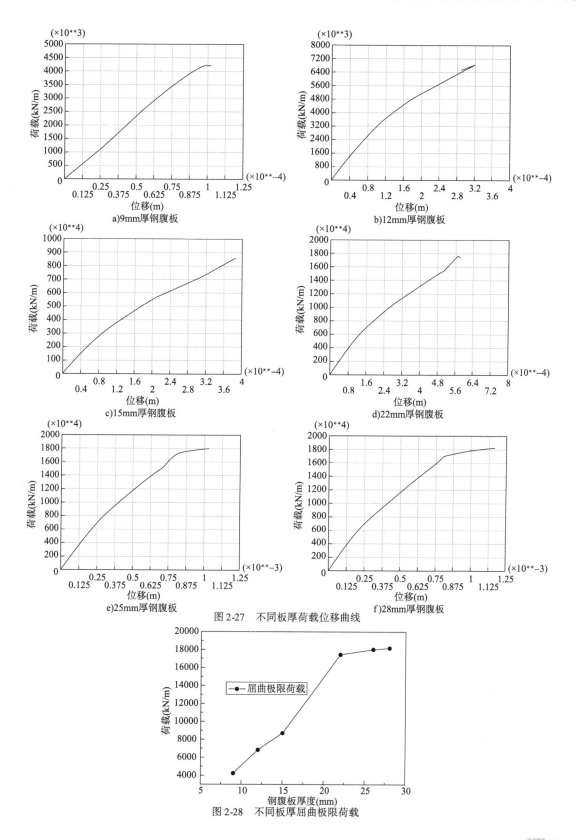

图 2-27 不同板厚荷载位移曲线

图 2-28 不同板厚屈曲极限荷载

由图 2-27 及图 2-28 可见,在其他参数相同时,不同厚度的波形钢腹板屈荷载位移曲线变化不同,且随着板厚的增加,波形钢腹板屈曲极限荷载也在明显地增加,厚度达到 22mm 以后增加趋势放缓,说明板厚对波形钢板稳定性的提升有一定效果。

2.5.3 波形钢腹板波高

依托工程的钢腹板波高是 220mm,建立 6 个不同波高变截面波形钢腹板模型,波高分别为 160mm、180mm、200mm、220mm、240mm、260mm,保持波形钢腹板其他参数及加载方式一致,确定不同波高的模态,选取波形钢腹板上位移最大值点绘制相应的荷载位移曲线,得出其屈曲极限荷载。

不同波高波形钢腹板的特征值一阶屈曲模态云图如图 2-29 所示,特征值分析忽略了尺寸缺陷、材料及几何非线性对变截面波形钢腹板屈曲的影响。

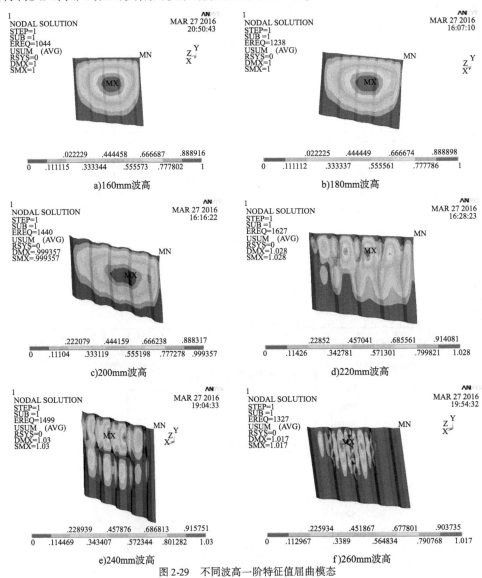

图 2-29 不同波高一阶特征值屈曲模态

由图 2-29 一阶特征值屈曲模态可看出,在波形钢腹板其他参数保持不变时,波高由 160mm 向 260mm 变化时,波形钢腹板的屈曲模式发生转化,波形钢腹板屈曲模态由整体屈曲向局部屈曲发展。

当考虑变截面波形钢腹板的尺寸缺陷、材料及几何非线性时,进行非线性屈曲分析,各内衬混凝土厚度位移最大点的荷载位移曲线如图 2-30 所示,不同波高的屈曲极限荷载如图 2-31 所示。

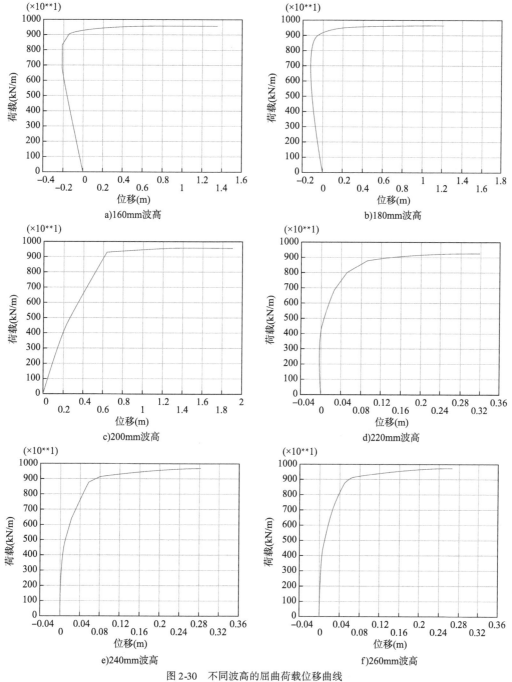

图 2-30　不同波高的屈曲荷载位移曲线

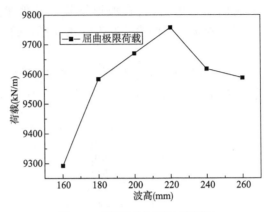

图 2-31　不同波高的屈曲极限荷载

由图 2-30 及图 2-31 可见,随着波高取值的增加,波形钢腹板的屈曲极限荷载呈现先增加后减小的趋势,当波高取值为 220mm 时,屈曲极限荷载达到最大,而后随着波高的增加呈递减趋势。

2.6　本章小结

本章通过理论分析、有限元数值分析对变截面波形钢腹板组合箱梁桥的剪切性能进行了系统研究,主要研究结论如下:

(1) 既有规范对波形钢腹板剪应力计算过于保守,本章考虑顶、底板混凝土的抗剪贡献推导了变截面波形钢腹板组合箱梁桥中腹板剪应力计算公式,并通过数值模拟验证了所推公式的准确性。

(2) 总结既有波形钢腹板局部、整体和相关屈曲计算公式,并通过既有模型试验提出了与实桥结构一致的计算方法,即波形钢腹板上、下缘为混凝土板的波形钢腹板组合箱梁剪切屈曲计算方法。

(3) 考虑几何非线性($P\text{-}\delta$ 效应)、材料非线性和结构初始缺陷的影响,利用 Riks 算法实现波形钢腹板 PC 组合梁桥线弹性变形过程—混凝土开裂(损伤)—达到屈曲(服)临界点—屈曲(服)后的结构塑性变形全过程仿真模拟,给出了建模方法和流程。

(4) 采用一致缺陷法,对变截面波形钢腹板取不同初始缺陷值时的稳定性比较,钢腹板对初始缺陷取值较为敏感,屈曲极限荷载随着初始缺陷取值的增大而减小;变截面波形钢腹板临界屈曲荷载随板厚增加而增加,屈曲模态由局部屈曲向整体屈曲发展;随着波高的增加屈曲极限荷载先增加后递减,屈曲模态由整体屈曲向局部屈曲发展。

第 3 章

波形钢腹板-内衬混凝土组合腹板抗剪设计方法

波形钢腹板组合箱梁桥跨径较大时,箱梁根部截面高度相应较大,此时需要在墩顶附近波形钢腹板内侧浇筑混凝土形成组合板结构,主要用于提高波形钢腹板组合梁桥的抗屈曲性能,并且可以有效地把腹板承受的剪力传递给下部结构。对于波形钢腹板组合连续梁或连续刚构桥,中支点位置弯矩和剪力均为极大值,由于波形钢腹板纵向刚度相对较小,其剪切变形显著,且中支点构造约束条件复杂,波形钢腹板与混凝土顶、底板相互影响,使得各构件的应力状态比较复杂,因此,波形钢腹板组合箱梁负弯矩区力学性能值得研究。根部截面高度达到 6m 以上的已建波形钢腹板组合箱梁桥基本上都采取了这一措施,即在距离根部一定范围的波形钢腹板内侧浇筑混凝土。另外,当多跨桥梁各跨跨径相差较大时,亦可以通过对小跨径梁的波形钢腹板浇筑内衬混凝土形成钢-混组合段以达到平衡边主跨结构自重的作用。

虽然在墩顶附近波形钢腹板内侧浇筑混凝土的方法已经被广泛应用,然而,对于内衬混凝土的构造细节、剪力承担比例等问题尚缺乏明确规定和相关研究。对于波形钢腹板内衬混凝土的构造,主要是确定内衬混凝土段的设置方式、长度 l、梁高 h 和混凝土厚度 t,如图 3-1 和图 3-2 所示。

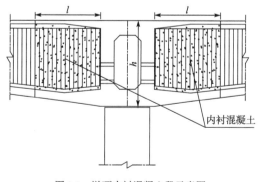

图 3-1 墩顶内衬混凝土段示意图

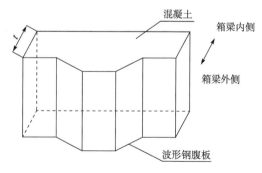

图 3-2 钢-混凝土组合腹板示意图

目前,对于波形钢腹板内衬混凝土组合结构没有明确的设计方法,且内衬混凝土对组合结构承载性能及变形能力的影响机理,内衬混凝土与波形钢腹板参数(厚度、长度、材料特性等)

以及两者间的连接程度(部分与完全连接)对组合结构力学性能的影响研究较少,因此有必要进行深入探讨,完善波形钢腹板组合箱梁桥设计理论与方法。提出波形钢腹板与内衬混凝土构造的等效刚度及强度计算模型,并通过有限元模型进行验证;为实桥负弯矩区内衬混凝土设计提供理论基础。

3.1 内衬混凝土-钢组合腹板等效刚度计算模型

3.1.1 等效剪切刚度

在进行试验分析时,可将波形钢腹板内衬混凝土组合构件面内剪切荷载作用力学行为大致分为3个阶段:

弹性阶段:开裂前,钢与混凝土组合构件体现弹性行为;组合构件的刚度为混凝土与钢腹板的刚度之和,且假定钢与混凝土完全黏结。

开裂阶段:混凝土开裂至钢腹板屈曲或屈服;混凝土开裂,钢板仍保持弹性,混凝土板类似斜向桁架仅承受压应力,且与钢腹板拉应力方向垂直。

屈曲后破坏阶段:钢板屈曲斜拉破坏以及混凝土斜压破坏,最终组合构件倒塌。

由于混凝土开裂以后,其刚度退化,且钢与混凝土界面出现滑移,处于不完全连接状态,因此组合构件的刚度随加载过程变化,比较复杂,所以本节仅考虑弹性阶段的等效刚度。

波形钢腹板内衬混凝土组合构件在剪切荷载 V 作用下产生剪切位移 γ,如图3-3所示。组合构件的剪切刚度取决于波形钢腹板与混凝土各自的剪切刚度以及两者之间连接程度。

(1)内衬混凝土弹性剪切刚度

将波形钢-混凝土板等效为具有相同平面尺寸及平均等效厚度 t_{eq} 的各向同性混凝土平板,开裂前混凝土的剪切刚度为 G_c:

$$G_c = \frac{E_c h t_{eq}}{2a(1+v_c)} \quad (3-1)$$

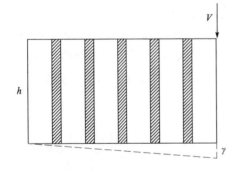

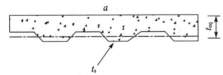

图3-3 组合钢腹板剪力作用示意图

式中:a——宽度;
h——高度;
E_c——混凝土弹性模量;
v_c——混凝土泊松比。

(2)波形钢腹板弹性剪切刚度

波形钢腹板剪切柔度为单位剪切荷载下的剪切位移(γ/V)。整个波形钢腹板的剪切柔度 c_s 为以下组成部分之和:

$$c_s = c_1 + c_2 + c_3 \quad (3-2)$$

式中：c_1——波形钢腹板剪切变形；

c_2——波形钢腹板的弯曲或畸变变形；

c_3——波形钢腹板与混凝土连接及固定位置的局部变形。

对于组合构件中波形钢腹板，进行如下假定：

①波形钢腹板与顶、底板完全固定连接，减小波形钢腹板的弯曲与畸变，且内衬混凝土能够抑制波形钢腹板变形，不考虑 c_2。

②荷载同时施加于波形钢腹板与内衬混凝土，且钢与混凝土完全连接，波形钢腹板无局部变形，因此忽略 c_3。

波形钢腹板剪切刚度 G_s 为：

$$G_s = \frac{E_s h t_s}{2a\eta(1+\upsilon_s)} \tag{3-3}$$

式中：E_s——波形钢腹板弹性模量；

υ_s——波形钢腹板泊松比；

η——波折形状展开长度与投影长度比值；

a——宽度；

h——高度；

t_s——厚度。

(3) 组合构件弹性剪切刚度

基于上述波形钢腹板及内衬混凝土板推导的剪切刚度，组合构件的剪切刚度 G_w 为：

$$G_w = G_c + G_s = \frac{E_c h t_{eq}}{2a(1+\upsilon_c)} + \frac{E_s h t_s}{2a\eta(1+\upsilon_s)} \tag{3-4}$$

对于波形钢腹板与内衬混凝土完全连接，剪力通过应变协调由波形钢腹板剪力 V_s 与内衬混凝土板剪力 V_c 共同承担，假定组合构件承受单位剪力（$V=1$），产生剪切变形（γ），满足：

$$V_c + V_s = 1 \tag{3-5}$$

波形钢腹板产生的剪切变形：

$$\gamma = \frac{V_s}{G_s} = \frac{2a\eta(1+\upsilon_s)}{E_s h t_s} V_s \tag{3-6}$$

混凝土板产生的剪切变形：

$$\gamma = \frac{V_c}{G_c} = \frac{2a(1+\upsilon_c)}{E_c h t_{eq}} V_c \tag{3-7}$$

因此，波形钢腹板与内衬混凝土板剪力分担比例为：

$$\frac{V_s}{V_c} = \frac{(1+\upsilon_c)E_s t_s}{(1+\upsilon_s)\eta E_c t_{eq}} \tag{3-8}$$

3.1.2 等效轴向刚度

波形钢腹板由于纵向可以自由变形，其轴向刚度相对平钢板很小。对于波形钢腹板组合箱梁桥常用的波形钢腹板，平腹板与波形钢腹板轴向刚度比值为几百到几千不等。

当波形钢腹板与内衬混凝土形成组合构件,波形钢腹板轴向自由变形受到内衬混凝土的约束,在弹性阶段假定波形钢腹板与内衬混凝土完全连接,共同协调作用,推导组合构件的轴向刚度 k_N 为:

$$k_N = k_{Nc} + k_{Ns} = h(E_c t_{eq} + \eta E_s t_s) \tag{3-9}$$

轴力通过应变协调由波形钢腹板轴力 N_s 与内衬混凝土板轴力 N_c 共同承担,假定组合板件承受单位轴力($N=1$),产生轴向变形(ε),满足:

$$N_c + N_s = 1 \tag{3-10}$$

波形钢腹板产生的轴向变形:

$$\varepsilon = \frac{1}{k_{Ns}} N_s = \frac{N_s}{\eta E_s h t_s} \tag{3-11}$$

内衬混凝土板产生的轴向变形:

$$\varepsilon = \frac{1}{k_{Nc}} N_c = \frac{N_c}{E_c h t_{eq}} \tag{3-12}$$

因此,波形钢腹板与内衬混凝土板轴力分担比例为:

$$\frac{N_s}{N_c} = \frac{\eta E_s t_s}{E_c t_{eq}} \tag{3-13}$$

3.1.3 等效弯曲刚度

波形钢腹板钢梁或组合梁中波形钢腹板几乎不承担弯曲正应力,因此其弯曲刚度可以忽略不计,波形钢腹板 I-型钢梁与预应力混凝土波形钢腹板组合箱梁的弯矩仅由钢翼缘或者预应力混凝土板承担。

同样,波形钢腹板内衬混凝土后,弯曲自由变形受到约束,弹性阶段假定波形钢腹板与内衬混凝土完全连接,共同协调作用,推导组合构件的纵向弯曲刚度 k_M 为:

$$k_M = k_{Mc} + k_{Ms} = E_c \cdot \frac{1}{12} h^3 t_{eq} + \eta E_s \cdot \frac{1}{12} h^3 t_s \tag{3-14}$$

弯矩通过曲率协调由波形钢腹板弯矩 M_s 与内衬混凝土板弯矩 M_c 共同承担,假定组合构件承受单位弯矩($M=1$),产生弯曲曲率(φ),满足:

$$M_c + M_s = 1 \tag{3-15}$$

波形钢腹板产生的轴向变形:

$$\varphi_s = \frac{1}{k_{Ms}} M_s = \frac{12 M_s}{\eta E_s h^3 t_s} \tag{3-16}$$

混凝土板产生的轴向变形:

$$\varphi_c = \frac{1}{k_{Mc}} M_c = \frac{12 M_c}{E_c h^3 t_{eq}} \tag{3-17}$$

因此,波形钢腹板与混凝土板轴力分担比例为:

$$\frac{M_s}{M_c} = \frac{\eta E_s t_s}{E_c t_{eq}} \tag{3-18}$$

综上可得,等高度波形钢腹板与内衬混凝土组合构件,波形钢腹板与内衬混凝土剪力分担比例同其等效剪切模量成正比;而轴力与弯矩分担比例均取决于其弹性模量同等效厚度乘积的比值。

3.1.4 内衬混凝土-钢组合腹板等效刚度验证

以朝阳大桥内衬混凝土段组合腹板为依据,根据内衬混凝土的布置形式不同,即单侧布置和双侧布置,选取不同的内衬混凝土厚度和钢板厚度进行组合腹板等效刚度的验证,组合腹板的几何模型参数见表3-1,组合腹板构造示意图如图3-4所示。波形钢腹板选用Q345结构钢,屈服强度及弹性模量分别为345MPa与2.1×10^5MPa;内衬混凝土采用C50混凝土,标准抗压强度及弹性模量分别取32.4MPa与3.45×10^4MPa。

内衬混凝土-钢组合腹板等效刚度验证分析模型参数 表3-1

布置形式	模型名称	长度L(mm)	高度h(mm)	平板宽a(mm)	斜板投影b(mm)	波高d(mm)	钢板厚度t_s(mm)	混凝土平均厚度t_{caver}(cm)
内衬混凝土单侧布置	DST-1	4800	3000	430	370	220	12	50
	DST-2	4800	3000	430	370	220	14	50
	DST-3	4800	3000	430	370	220	16	50
	DST-4	4800	3000	430	370	220	18	50
	DST-5	4800	3000	430	370	220	20	50
	DST-6	4800	3000	430	370	220	22	50
	DST-7	4800	3000	430	370	220	24	50
	DST-8	4800	3000	430	370	220	26	50
	DCT-1	4800	3000	430	370	220	20	25
	DCT-2	4800	3000	430	370	220	20	30
	DCT-3	4800	3000	430	370	220	20	35
	DCT-4	4800	3000	430	370	220	20	40
	DCT-5	4800	3000	430	370	220	20	45
	DCT-6	4800	3000	430	370	220	20	50
	DCT-7	4800	3000	430	370	220	20	55
	DCT-8	4800	3000	430	370	220	20	60
内衬混凝土双侧布置	SST-1	4800	3000	430	370	220	12	50
	SST-2	4800	3000	430	370	220	14	50
	SST-3	4800	3000	430	370	220	16	50
	SST-4	4800	3000	430	370	220	18	50
	SST-5	4800	3000	430	370	220	20	50
	SST-6	4800	3000	430	370	220	22	50
	SST-7	4800	3000	430	370	220	24	50
	SST-8	4800	3000	430	370	220	26	50

续上表

布置形式	模型名称	长度 L（mm）	高度 h（mm）	平板宽 a（mm）	斜板投影 b（mm）	波高 d（mm）	钢板厚度 t_s（mm）	混凝土平均厚度 t_{caver}（cm）
内衬混凝土双侧布置	SCT-1	4800	3000	430	370	220	20	25
	SCT-2	4800	3000	430	370	220	20	30
	SCT-3	4800	3000	430	370	220	20	35
	SCT-4	4800	3000	430	370	220	20	40
	SCT-5	4800	3000	430	370	220	20	45
	SCT-6	4800	3000	430	370	220	20	50
	SCT-7	4800	3000	430	370	220	20	55
	SCT-8	4800	3000	430	370	220	20	60

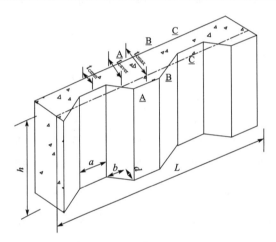

图 3-4 内衬混凝土-钢组合腹板构造示意图

采用通用有限元程序软件 ANSYS(12.0)，按照表 3-1 中的参数建立几何模型，如图 3-5 所示，波形钢腹板采用 8 节点曲壳单元，混凝土板采用空间 8 节点实体单元。材料特性参数按照 Q345 钢材与 C50 混凝土取值。边界条件为一端完全固定，即约束三个方向位移（dx, dy, dz）与转角（R_x, R_y, R_z）；另一端施加轴力、剪力与弯矩荷载：轴力与剪力通过均布面荷载施加，且组合构件顶、底部约束位移 dz 限制面外变形；弯矩通过设置刚性杆在端部施加，并与组合构件节点耦合自由度传递弯矩。由于本节主要验证弹性范围波形钢腹板内衬混凝土组合构件的等效刚度，因此荷载取值控制在弹性范围：轴力与剪力分别取 1000N，2000N，3000N，弯矩取 1000N·m，2000N·m，3000N·m。有限元分析不考虑材料与几何非线性，按照弹性理论进行计算。

通过有限元弹性分析得到轴力与轴向应变、剪力与剪切角以及弯矩与曲率的关系曲线，分别如图 3-6～图 3-8 所示。依据荷载-变位曲线分别得到相应的等效轴向刚度、剪切刚度及弯曲刚度，并同计算模型进行比较，见表 3-2，波形钢腹板厚度对组合腹板轴向刚度值影响不是很大，内衬混凝土单侧布置情况下，轴向刚度计算模型同有限元分析结果比值的均值为 0.92，内衬混凝土双侧布置情况下,轴向刚度计算模型同有限元分析结果比值的均值为 0.99;由图 3-6~图 3-8 与表 3-2 还可以看出,内衬混凝土厚度对组合腹板刚度有一定影响,内衬混凝土厚度越大,刚度计算模型同有限元模型符合性越好。同样,剪切刚度、弯曲刚度计算模型同与轴向刚度模型分析结果类似,说明等效刚度计算模型在弹性范围能够较为准确地评价波形钢腹板内衬混凝土组合构件整体的初始刚度,且更适用于双侧内衬混凝土布置。

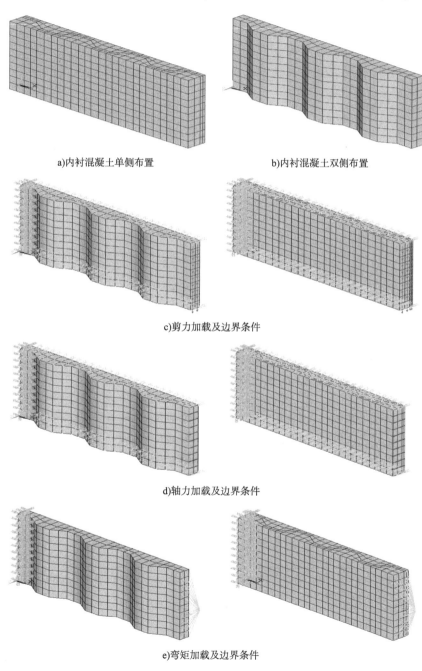

a) 内衬混凝土单侧布置　　　　b) 内衬混凝土双侧布置

c) 剪力加载及边界条件

d) 轴力加载及边界条件

e) 弯矩加载及边界条件

图 3-5　内衬混凝土-钢组合腹板等效刚度验证有限元模型

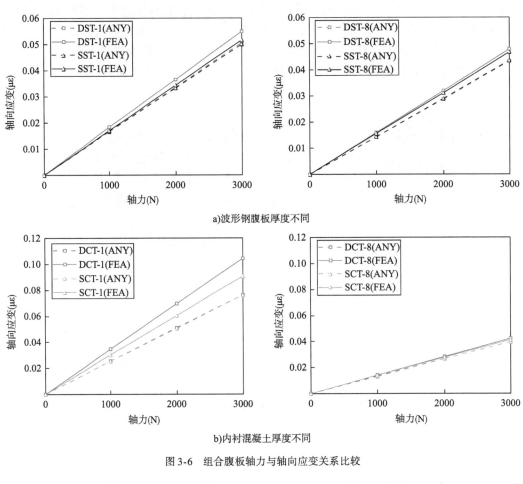

a) 波形钢腹板厚度不同

b) 内衬混凝土厚度不同

图 3-6　组合腹板轴力与轴向应变关系比较

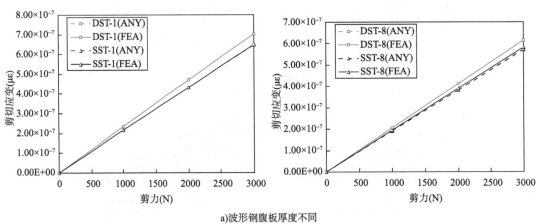

a) 波形钢腹板厚度不同

图　3-7

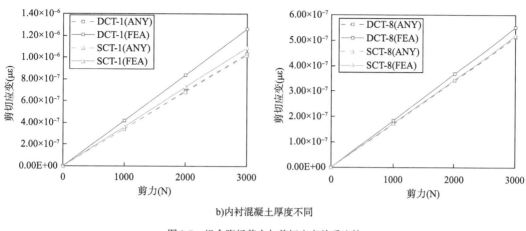

b) 内衬混凝土厚度不同

图3-7 组合腹板剪力与剪切应变关系比较

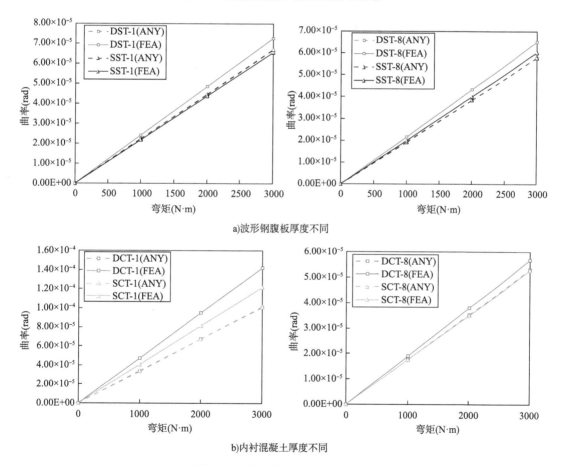

b) 内衬混凝土厚度不同

图3-8 组合腹板弯矩与曲率关系比较

内衬混凝土-钢组合腹板等效刚度比较 表 3-2

模型名称	剪切等效刚度 G_w			轴向等效刚度 k_N			弯曲等效刚度 k_M		
	ANY	FEA	FEA/ANY	ANY	FEA	FEA/ANY	ANY	FEA	FEA/ANY
DST-1	5.69×10^{10}	4.27×10^9	0.92	5.99×10^{10}	5.85×10^{10}	0.98	4.49×10^{10}	4.13×10^{10}	0.92
DST-2	5.80×10^{10}	4.36×10^9	0.92	6.12×10^{10}	5.98×10^{10}	0.98	4.59×10^{10}	4.23×10^{10}	0.92
DST-3	5.92×10^{10}	4.45×10^9	0.92	6.26×10^{10}	6.10×10^{10}	0.98	4.69×10^{10}	4.29×10^{10}	0.91
DST-4	6.03×10^{10}	4.52×10^9	0.92	6.39×10^{10}	6.22×10^{10}	0.97	4.80×10^{10}	4.36×10^{10}	0.91
DST-5	6.14×10^{10}	4.60×10^9	0.92	6.53×10^{10}	6.34×10^{10}	0.97	4.90×10^{10}	4.43×10^{10}	0.90
DST-6	6.25×10^{10}	4.68×10^9	0.92	6.66×10^{10}	6.45×10^{10}	0.97	5.00×10^{10}	4.50×10^{10}	0.90
DST-7	6.37×10^{10}	4.76×10^9	0.92	6.80×10^{10}	6.56×10^{10}	0.96	5.10×10^{10}	4.58×10^{10}	0.90
DST-8	6.48×10^{10}	4.87×10^9	0.93	6.94×10^{10}	6.66×10^{10}	0.96	5.20×10^{10}	4.61×10^{10}	0.89
DCT-1	3.63×10^{10}	2.38×10^9	0.82	3.94×10^{10}	3.07×10^{10}	0.78	2.96×10^{10}	2.11×10^{10}	0.71
DCT-2	4.14×10^{10}	2.84×10^9	0.85	4.46×10^{10}	3.75×10^{10}	0.84	3.34×10^{10}	2.60×10^{10}	0.78
DCT-3	4.64×10^{10}	3.28×10^9	0.88	4.98×10^{10}	4.40×10^{10}	0.88	3.73×10^{10}	3.08×10^{10}	0.82
DCT-4	5.14×10^{10}	3.72×10^9	0.89	5.49×10^{10}	5.08×10^{10}	0.92	4.12×10^{10}	3.53×10^{10}	0.86
DCT-5	5.64×10^{10}	4.15×10^9	0.91	6.01×10^{10}	5.70×10^{10}	0.95	4.51×10^{10}	3.98×10^{10}	0.88
DCT-6	6.14×10^{10}	4.58×10^9	0.92	6.53×10^{10}	6.34×10^{10}	0.97	4.90×10^{10}	4.43×10^{10}	0.90
DCT-7	6.64×10^{10}	5.00×10^9	0.93	7.05×10^{10}	6.97×10^{10}	0.99	5.29×10^{10}	4.86×10^{10}	0.92
DCT-8	7.14×10^{10}	5.43×10^9	0.93	7.56×10^{10}	7.60×10^{10}	1.00	5.67×10^{10}	5.27×10^{10}	0.93
SST-1	5.69×10^{10}	4.63×10^9	1.00	5.99×10^{10}	6.22×10^{10}	1.04	4.49×10^{10}	4.58×10^{10}	1.02
SST-2	5.80×10^{10}	4.71×10^9	1.00	6.12×10^{10}	6.32×10^{10}	1.03	4.59×10^{10}	4.65×10^{10}	1.01
SST-3	5.92×10^{10}	4.78×10^9	0.99	6.26×10^{10}	6.42×10^{10}	1.03	4.69×10^{10}	4.73×10^{10}	1.01
SST-4	6.03×10^{10}	4.85×10^9	0.99	6.39×10^{10}	6.51×10^{10}	1.02	4.80×10^{10}	4.77×10^{10}	1.00
SST-5	6.14×10^{10}	4.93×10^9	0.99	6.53×10^{10}	6.60×10^{10}	1.01	4.90×10^{10}	4.86×10^{10}	0.99
SST-6	6.25×10^{10}	5.00×10^9	0.99	6.66×10^{10}	6.69×10^{10}	1.00	5.00×10^{10}	4.90×10^{10}	0.98
SST-7	6.37×10^{10}	5.07×10^9	0.98	6.80×10^{10}	6.78×10^{10}	1.00	5.10×10^{10}	4.94×10^{10}	0.97
SST-8	6.48×10^{10}	5.14×10^9	0.98	6.94×10^{10}	6.86×10^{10}	0.99	5.20×10^{10}	4.99×10^{10}	0.96
SCT-1	3.63×10^{10}	2.76×10^9	0.94	3.94×10^{10}	3.54×10^{10}	0.90	2.96×10^{10}	2.46×10^{10}	0.83
SCT-2	4.14×10^{10}	3.20×10^9	0.96	4.46×10^{10}	4.17×10^{10}	0.94	3.34×10^{10}	3.03×10^{10}	0.90
SCT-3	4.64×10^{10}	3.64×10^9	0.97	4.98×10^{10}	4.82×10^{10}	0.97	3.73×10^{10}	3.50×10^{10}	0.94
SCT-4	5.14×10^{10}	4.08×10^9	0.98	5.49×10^{10}	5.43×10^{10}	0.99	4.12×10^{10}	3.95×10^{10}	0.96
SCT-5	5.64×10^{10}	4.50×10^9	0.98	6.01×10^{10}	6.01×10^{10}	1.00	4.51×10^{10}	4.39×10^{10}	0.97
SCT-6	6.14×10^{10}	4.93×10^9	0.99	6.53×10^{10}	6.60×10^{10}	1.01	4.90×10^{10}	4.86×10^{10}	0.99
SCT-7	6.64×10^{10}	5.37×10^9	0.99	7.05×10^{10}	7.19×10^{10}	1.02	5.29×10^{10}	5.27×10^{10}	1.00
SCT-8	7.14×10^{10}	5.79×10^9	1.00	7.56×10^{10}	7.76×10^{10}	1.03	5.67×10^{10}	5.69×10^{10}	1.00

3.2 弹性阶段内衬混凝土-钢组合腹板剪力分配规律

3.2.1 内衬混凝土-钢组合腹板剪力分配计算

设置内衬混凝土的原则是使作用于中间支点截面的截面力圆滑地向有波形钢腹板的截面传递。内衬混凝土的作用是增强波形钢腹板的屈曲强度,因此在设计上,通常由钢腹板承担全部剪力来控制设计。但是实际上,内衬混凝土将分担一部分剪力,具体分担比例目前尚不清楚。本研究将从两个方面进行计算。

在荷载作用下,验算内衬混凝土受力及配筋时,内衬混凝土承担的剪力值按其与波形钢腹板的剪切刚度进行分配。

内衬混凝土承担的剪力可按下式计算:

$$V_c = \frac{G_c A_c}{G_c A_c + G_s A_s} V \qquad (3-19)$$

式中:V_c——内衬混凝土承担的剪力设计值(N);

G_c——内衬混凝土的剪切模量(Pa);

A_c——内衬混凝土的平均截面面积(mm^2);

G_s——波形钢腹板的剪切模量(Pa);

A_s——波形钢腹板的有效截面面积(mm^2);

V——竖向剪力设计值(N)。

波形钢腹板根部含有内衬混凝土区域,其钢腹板的型号为1600型,厚度为22mm,根据波形钢腹板的剪切模量 G_s:

$$G_s = G_0(b+d)/(b+d\sec\alpha) \qquad (3-20)$$

式中,G_0 为钢板的剪切模量,$G_0 = \frac{E_0}{2(1+V)}$;E_0、ν 分别为波形钢腹板的弹性模量和泊松比。b、d、α 的含义如图3-9所示。

根据以上公式求得波形钢腹板的有效剪切模量为:

钢板: $G_s = 5.35 \times 10^{10}$ MPa

混凝土: $G_c = 1.42 \times 10^{10}$ MPa

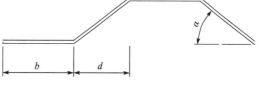

图3-9 波形钢腹板示意图

以上公式计算原理是基于波形钢腹板与混凝土腹板按剪切刚度进行剪力分配,即在共同承担剪力时,波形钢腹板的剪切应变和混凝土腹板的剪切应变相同。不同内衬混凝土厚度分担剪力比见表3-3,从表3-3看出,根据理论分析,内衬混凝土厚度一般大于25cm,当有内衬混凝土时,剪力大部分由混凝土腹板承担。

不同内衬混凝土厚度分担剪力比 表3-3

钢板剪切模量	混凝土剪切模量	内衬混凝土厚度（cm）	波形钢腹板厚度（cm）	钢腹板承担剪力比例	内衬混凝土承担剪力比例
5.35×10¹⁰ MPa	1.42×10¹⁰ MPa	0	2.0	1.00	0.00
		25	2.0	0.23	0.77
		30	2.0	0.20	0.80
		40	2.0	0.16	0.84
		50	2.0	0.13	0.87
		60	2.0	0.11	0.89
		70	2.0	0.10	0.90

3.2.2 有限元分析

为研究内衬混凝土布置方式及厚度对内衬混凝土-钢组合腹板剪力分配的影响，通过 ANSYS 建立有限元模型对其剪力分配进行分析。

建立6个比较模型 D-1、D-2、D-3、D-4、D-5、D-6，内衬混凝土厚度分别是 0m、0.25m、0.4m、0.5m、0.6m、0.7m，内衬混凝土单侧布置有限元模型如图 3-10 所示，其余各参数见表 3-4。

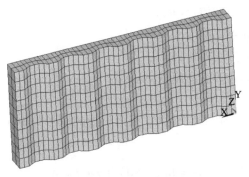

图 3-10 内衬混凝土单侧布置有限元模型

内衬混凝土-钢组合腹板参数 表3-4

模型	长度 L（mm）	高度 h（mm）	平板宽 a（mm）	斜板投影 b（mm）	波高 d（mm）	钢板厚度 t_s（mm）	混凝土平均厚度 t_{caver}（cm）
D-1	4800	3000	430	370	220	20	0
D-2	4800	3000	430	370	220	20	25
D-3	4800	3000	430	370	220	20	40
D-4	4800	3000	430	370	220	20	50
D-5	4800	3000	430	370	220	20	60
D-6	4800	3000	430	370	220	20	70

图 3-11 所示为以上模型波形钢腹板及内衬混凝土的剪应力云图,可得波形钢板剪应力沿整个板高方向均匀分布,但沿纵向 X 分布不均匀,与厚度最小内衬混凝土连接的水平钢板(简称水平钢板 C)剪应力最大,通过斜板进行过渡,逐渐减小。混凝土板厚度较小的区域处于高剪应力区,而混凝土板厚度较大及斜板过渡区域,剪应力由外侧向内侧(Z 向)递减。

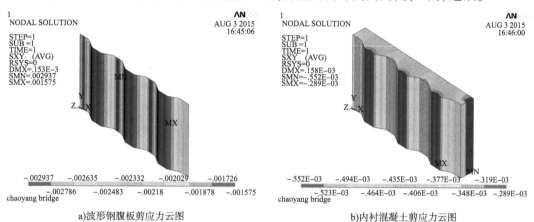

a)波形钢腹板剪应力云图　　　　　b)内衬混凝土剪应力云图

图 3-11　组合腹板剪应力分布

弹性阶段不同内衬混凝土厚度分担剪力比见表 3-5,波形钢腹板与内衬混凝土各自承担的剪力比例,其计算值同有限元分析值基本吻合,且内衬混凝土厚度大于 25cm 后,组合腹板剪力大部分由内衬混凝土承担。

弹性阶段不同内衬混凝土厚度分担剪力比　　　　表 3-5

内衬混凝土厚度(cm)	波形钢腹板厚度(cm)	理论计算值 FEM		有限元分析值 ANY		FEM/ANY
		钢腹板承担剪力比例	内衬混凝土承担剪力比例	钢腹板承担剪力比例	内衬混凝土承担剪力比例	
0	2.0	100.00	0.00	100.00	0.00	1.00
25	2.0	0.23	0.77	0.33	0.67	0.87
40	2.0	0.16	0.84	0.22	0.78	0.97
50	2.0	0.13	0.87	0.18	0.82	0.97
60	2.0	0.11	0.89	0.16	0.84	0.97
70	2.0	0.10	0.90	0.14	0.86	0.97

基于刚度分配原理的计算可以描述内衬混凝土在波形钢腹板整体梁受力时的剪力分配,如图 3-12 所示,基于理论推导的公式给出波形钢腹板厚度对内衬混凝土所承担的剪力百分比的影响。

由图 3-12 可知,波形钢腹板厚度不变时,随着内衬混凝土厚度增大其承担的剪力百分比增大;当波形钢腹板厚度增加时,同一厚度内衬混凝土承担剪力百分比降低。对内衬混凝土厚度增大时承担剪力百分比的变化速率进行研究发现,内衬混凝土厚度在 200mm 之前时,曲线下降很快,变化速率较大;当达到 200mm 以后,内衬混凝土承担了大部分剪力,其变化率曲线趋向平缓,即内衬混凝土厚度在 200mm 以上时对剪力分担比例趋于平缓;厚度到达 400mm 以后内衬混凝土厚度增加对分担的剪力变化速率影响不大。

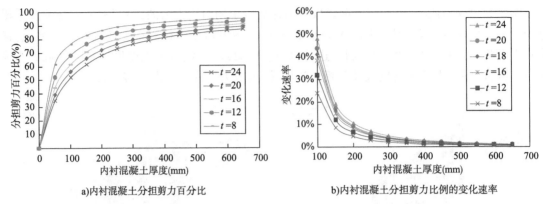

a) 内衬混凝土分担剪力百分比
b) 内衬混凝土分担剪力比例的变化速率

图 3-12 不同波形钢腹板厚度时内衬混凝土承担剪力百分比与其变化速率

3.3 波形钢腹板内衬混凝土剪切与扭转性能试验研究

3.3.1 试验目的

国内外既有内衬混凝土试验研究主要针对顶底板均为钢翼缘板的Ⅰ形等截面波形钢腹板展开,而实际工程中内衬混凝土多设置于变截面波形钢腹板箱形截面中,针对该类组合腹板受力情况尚未有相关试验研究。因此,开展变截面波形钢腹板组合箱梁墩顶过渡区钢-混凝土组合腹板力学性能试验研究具有较大工程意义,可为大跨径变截面波形钢腹板组合箱梁桥内衬混凝土的设计提供参考。

3.3.2 试验梁方案

1) 试验梁设计

以某实桥为原型,设计制作了一片单箱单室变截面波形钢腹板双悬臂梁模型,悬臂梁一侧无内衬混凝土(CSWs),另一侧含内衬混凝土(CSWC)。实际工程中,内衬混凝土一般布置在箱梁内侧,为方便观察试验过程内衬混凝土裂缝发展,本试验将内衬混凝土浇筑在箱梁外侧。试验梁总长为4.5m,单侧悬臂长度为2m,为方便模型制作,梁高和底板厚度均采用线性变化,箱梁根部高度为1m,悬臂端部梁高为0.75m,底板从根部至悬臂端厚度取值为9~15cm,箱梁顶板厚度为8cm,顶板、底板宽度分别为1.5m和0.9m,波形钢腹板厚度为5mm。内衬混凝土平均厚度5cm,内衬混凝土与波形钢腹板之间通过直径10mm、长30mm的栓钉进行连接。波形钢腹板与顶、底板混凝土通过嵌入式连接件连接。为避免应力集中引起钢腹板过早局部屈曲,在加载点下方钢腹板上设置竖向加劲肋。

2) 试验梁制作

试验梁的制作流程如下:

(1) 调试钢腹板压制模具,制作波形钢腹板;
(2) 准备各种制作试验梁所用的材料,包括钢筋、模板等;
(3) 搭设支架,制作箱梁底板模板并保证其水平及牢固;
(4) 绑扎底板钢筋,拼装波形钢腹板,并进行定位与固定;
(5) 粘贴钢腹板应变花以及底板钢筋应变片,预留墩部锚固孔道;
(6) 浇筑底板以及墩部位置混凝土;
(7) 搭设内衬混凝土的模板,并浇筑内衬混凝土;
(8) 搭设顶板混凝土模板,绑扎顶板混凝土钢筋,并粘贴顶板纵向钢筋应变片;
(9) 浇筑顶板混凝土;
(10) 初凝后,将混凝土罩上保温膜进行养护,待混凝土达到一定强度后,拆除模板,继续养护到28d;
(11) 将试验梁转运至试验室指定位置;
(12) 清理试验梁,并粘贴混凝土顶、底板混凝土应变片以及波形钢腹板侧面应变花。

试验梁制作过程如图3-13所示。

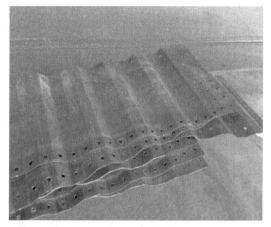

a) 波形钢腹板制作

b) 波形钢腹板定位

c) 预埋底板钢筋应变片

d) 浇筑底板混凝土

图 3-13

e)绑扎顶板钢筋　　　　　　　　　　　　f)浇筑完毕

图 3-13　试验梁制作过程

波形钢腹板双悬臂箱梁的混凝土材料按照 C50 强度等级设计。由于试验箱梁的几何尺寸较小,选用细集料混凝土,选择优质集料、特种水泥。自然养护 28d,在试验期间进行试块强度试验,如图 3-14a)所示,得到试验梁 C50 混凝土的实际强度,试验结果均满足 C50 混凝土的设计要求,强度试验结果见表 3-6。

a)混凝土强度试验　　　　　　　　　　　　b)材性拉伸试验

图 3-14　材性试验

试验梁混凝土强度　　　　　　　表 3-6

第一批编号	抗压强度标准值(MPa)	第二批编号	抗压强度标准值(MPa)
1	56.78	1	53.63
2	56.3	2	52.73
3	58.94	3	53.26
4	57.53	4	53.7

波形钢腹板采用 Q345B 结构钢,通过拉伸试验,如图 3-14b)所示,测得其弹性模量为 2.1×10^5 MPa,屈服强度为 360MPa。

3) 加载方案及测点布置

将试验梁墩顶梁段放置于一门形混凝土墩上,并通过 4 根精轧螺纹钢筋进行锚固,以模拟变截面梁悬臂浇筑施工状态,如图 3-15 所示。试验梁在悬臂两端采用两组 100t 的液压千斤顶串联进行同步加载,千斤顶通过分配梁及加载垫块将力传递至箱梁上。试验包括两种加载模式:对称加载和偏心加载,其中偏心加载仅加载至 200kN(弹性阶段),对称加载至破坏。正式加载前,先进行预加载(200kN)以消除设备之间的间隙。对称加载整个阶段分为两部分:首先以荷载为控制指标,加载至屈服状态;而后由位移控制加载至破坏。

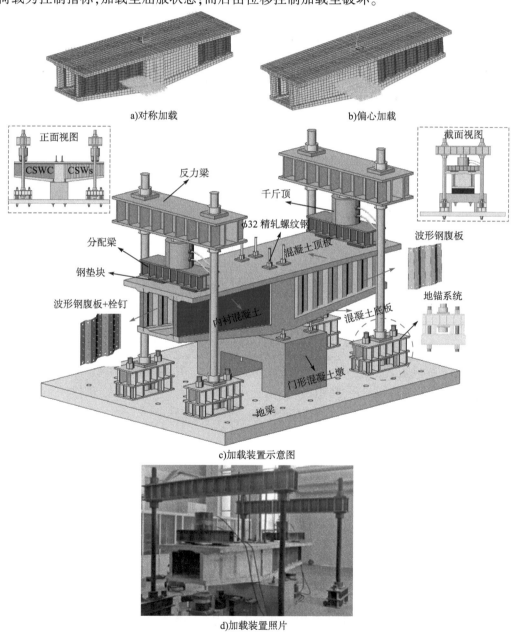

图 3-15 加载方案及装置示意图

本试验主要测量内容包括试验梁挠度、波形钢腹板剪应力及内衬混凝土剪应力,共布置6组测试截面,CSWC侧为A~C截面,CSWs侧为D~F截面,测点布置如图3-16所示。在悬臂端两侧分别布置2个位移传感器(A、F截面),A~C截面在波形钢腹板内侧和内衬混凝土外侧沿高度方向分别布置3组应变花,D~F截面在波形钢腹板内衬布置3组应变花,试验数据由TDS-530静态数据采集仪进行采集。

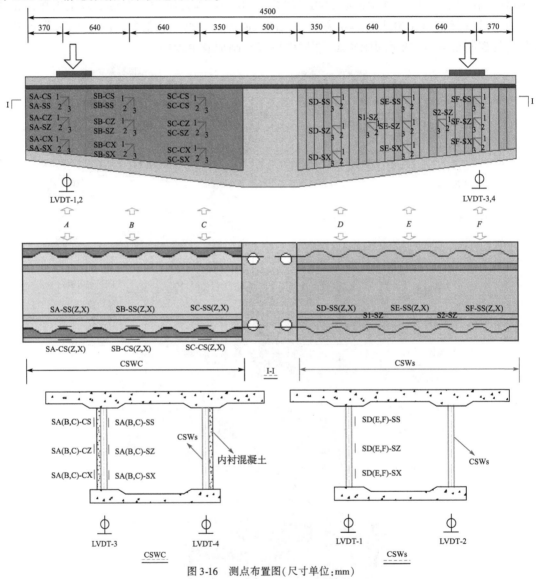

图3-16 测点布置图(尺寸单位:mm)

3.3.3 有限元模型

为了与试验结果进行对比分析,本节采用ANSYS有限元软件建立了试验梁三维实体模型,如图3-17所示。混凝土顶、底板和内衬混凝土采用实体单元SOLID65模拟,波形钢腹板采用壳单元SHELL63模拟,试验过程中波形钢腹板与顶底板之间并无出现滑移,故二者连接采用共节点处理,与内衬混凝土之间的连接采用 CONTAL73 弹簧单元模拟。荷载施加与试验保持一致,在试验加载垫块对应位置施加面荷载。试验模拟悬臂浇筑施工状态,墩顶处为固定约束,故约束墩顶下表面所有节点自由度。

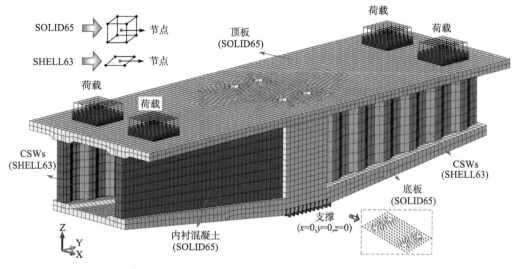

图 3-17 有限元模型

3.3.4 试验与有限元结果分析

1) 破坏形式

试验梁两侧破坏模态如图 3-18 和图 3-19 所示,从图中可以看出,随着荷载的增大,CSWs 侧加载点附近波形钢腹板发生屈曲破坏,顶底板混凝土被压碎,而同等荷载作用下,CSWC 侧仅在内衬混凝土上出现一些细微裂缝,波形钢腹板并未发生屈曲,且顶底板并无明显开裂。由此可知,内衬混凝土的存在极大程度地提高了波形钢腹板箱梁承载力,防止波形钢腹板屈曲,并有助于分散顶底板混凝应力集中现象,且有限元模拟结果与试验结果相符。

a) 波形钢腹板屈曲模态

b) 混凝土破坏模态

图 3-18 CSWs 侧破坏模态

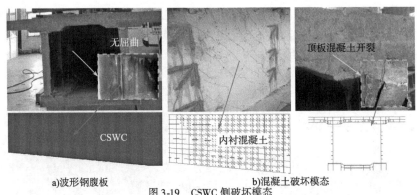

a) 波形钢腹板　　　　　　　　b) 混凝土破坏模态

图 3-19　CSWC 侧破坏模态

2) 挠度

整个加载过程中,试验与有限元荷载-位移分析结果如图 3-20 所示。对于 CSWs 侧,随着荷载的增大,加载过程可大致分为四个阶段:无裂缝阶段、裂缝开展阶段、波形钢腹板屈曲阶段、破坏阶段。无裂缝阶段,荷载与试验梁挠度呈线性关系;加载至 200kN 时,顶板混凝土出现裂缝,试验梁进入裂缝开展阶段,波形钢腹板尚未屈曲或屈服,梁体挠度与荷载也基本呈线性关系,不过曲线斜率小于第一阶段,说明开裂后梁体挠度有所下降;加载至 1100kN 时,荷载-位移曲线呈非线性关系,该阶段波形钢腹板逐渐屈服,顶底板裂缝宽度逐渐加大,梁体挠度进一步降低;最后破坏阶段,荷载无明显增加,但挠度仍不断增大,最终波形钢腹板发生屈曲破坏。对于 CSWC 侧,整个加载过程也可分为四个阶段:无裂缝阶段、裂缝出现阶段、裂缝贯穿阶段、腹板屈服阶段。加载初期,整个梁体处于弹性阶段,荷载-位移曲线呈线性关系;随着荷载的增加,腹板开始出现裂缝,梁体的整体刚度稍微下降,位移仍随荷载呈线性增长;而后,内衬混凝土裂缝随荷载增加贯穿腹板,梁体的整体刚度进一步降低,荷载-位移曲线由线性进入非线性阶段;最后,随着内衬混凝土裂缝不断发展贯通,梁体的整体刚度明显降低,进入腹板屈服阶段。

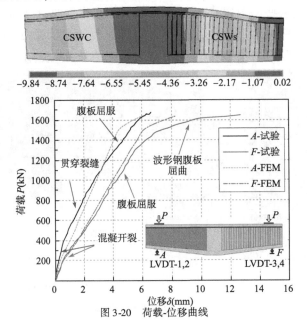

图 3-20　荷载-位移曲线

对比悬臂梁左右两侧荷载-位移曲线发展过程可知,加载初期悬臂两侧挠度均随荷载呈线性增长,但CSWC侧(A截面)刚度明显大于CSWs侧(F截面),即相同荷载作用下,F截面挠度明显大于A截面,由此可知,内衬混凝土的存在可极大提高梁体的整体刚度。

3) 剪应力分布

悬臂两侧各截面波形钢腹板剪应力分布试验与有限元分析结果如图3-21所示。由图可知,悬臂两侧变截面波形钢腹板剪应力分布规律与等截面类似,剪应力沿梁高方向也呈均匀分布,且有限元结果与试验结果吻合较好,验证了有限元模型的准确度。对比悬臂两侧腹板剪应力值可知,CSWC侧波形钢腹板剪应力明显小于CSWs侧。例如,当悬臂两端同时施加$P=300\mathrm{kN}$时,CSWs侧F截面波形钢腹板剪应力平均值为21.89MPa,CSWC侧与之对应的A截面波形钢腹板剪应力平均值为12.33MPa,仅为F截面的56%。由此表明,内衬混凝土分担部分剪力,有效降低了波形钢腹板的剪应力水平。对比$A\sim C$截面、$F\sim D$截面腹板剪应力可知,虽C/D截面剪力和弯矩均最大,但波形钢腹板剪应力最大截面分别出现在B/E截面,引起这一现象的主要原因是悬臂两端对称加载时,梁段承受弯剪耦合作用,整个梁段承担剪力大小相同,弯矩值由悬臂端至根部截面逐渐增大,而变截面波形钢腹板组合箱梁截面底板承担剪力与截面弯矩成正比,故根部截面底板承担剪力较大,因而腹板最大剪力值并非出现在根部截面,故实际工程设计中,应注意这一现象。

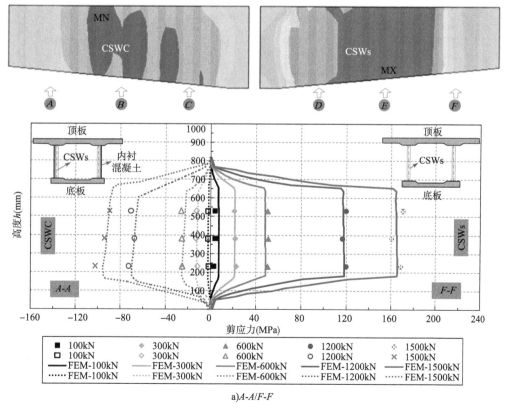

a) A-A/F-F

图 3-21

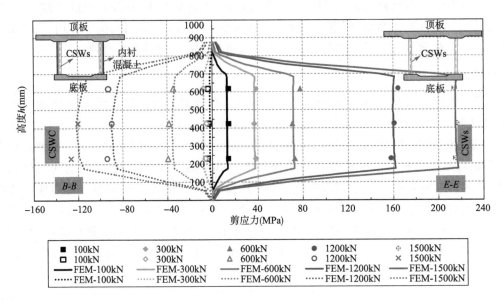

b) $B\text{-}B/E\text{-}E$

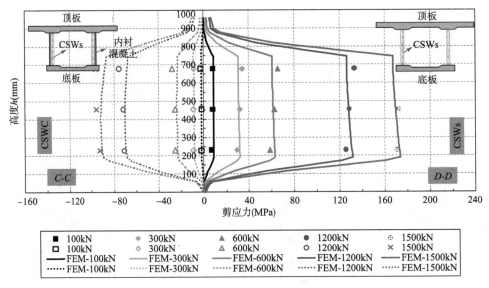

c) $C\text{-}C/D\text{-}D$

图 3-21 悬臂两侧波形钢腹板剪应力分布

CSWC 侧内衬混凝土剪应力分布如图 3-22 所示,从图中可以看出,加载初期,内衬混凝土剪应力沿梁高方向等值分布;随着荷载的增加,加载点附近截面(A 截面)内衬混凝土剪应力沿梁高方向基本呈等值分布,而墩顶附近内衬混凝土剪应力沿梁高方向大致成 45°角均匀分布,与内衬混凝土裂缝开展方向一致,且与混凝土箱梁腹板剪应力分布规律类似。另外还可看出,与波形钢腹板剪应力分布类似,内衬混凝土剪应力最大截面也并非墩顶截面,其原因与波形钢腹板相同。

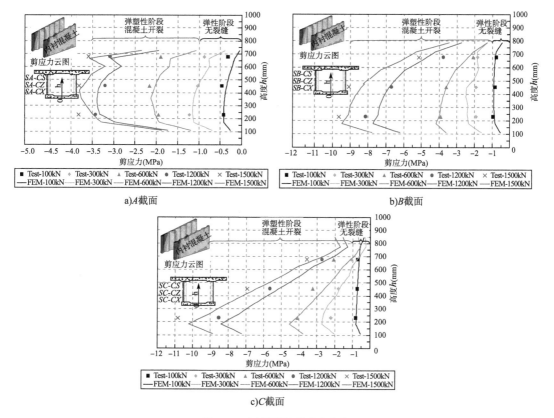

图 3-22 内衬混凝土剪应力分布

4)偏载效应

偏载作用下,悬臂两侧(A/F 截面)挠度值,如图 3-23 所示。由图 3-23 可知,无内衬混凝土端(A 截面)加载侧挠度值明显大于有内衬混凝土端(F 截面),如加载 60kN 时,无内衬端和有内衬端加载侧挠度值分别为 0.23mm、0.13mm,有内衬端比无内衬端挠度减少约 43%,这说明内衬混凝土可显著提高箱梁的整体抗扭刚度。

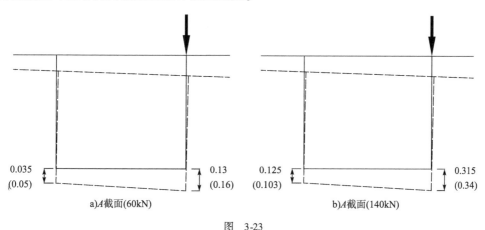

图 3-23

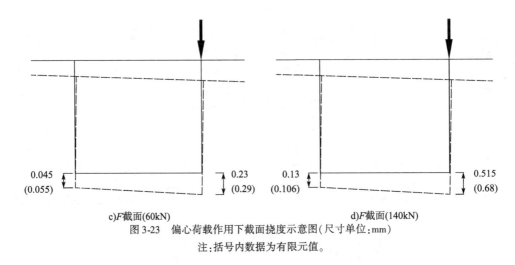

c) F 截面(60kN)　　　　　　　　d) F 截面(140kN)

图 3-23　偏心荷载作用下截面挠度示意图(尺寸单位:mm)

注:括号内数据为有限元值。

3.3.5　组合腹板承剪比计算公式验证及其适用范围

上述 3.2.1 节中波形钢腹板与内衬混凝土的剪力分担比计算公式(3-19)是在弹性阶段下推导的,混凝土开裂后两者之间剪力分担比例变化规律尚未可知。图 3-24 给出了 $A \sim C$ 三个截面在不同荷载作用下波形钢腹板与内混凝土之间的剪力分配变化规律图,并将试验结果与弹性状态下推导的理论结果进行了对比。从图中可看出,A 截面和 C 截面剪力分配规律可分为两个阶段,B 截面可分为三个阶段。加载初期,梁体尚处于弹性阶段,$A \sim C$ 三个截面波形钢腹板与内衬混凝土剪力分配比例分别为 72.6% 和 27.4%,且试验结果与理论计算结果吻合较好。内衬混凝土开裂后,内衬混凝土承担剪力比例逐渐下降,与此同时,波形钢腹板承担剪力比例逐步增加,$A \sim C$ 截面波形钢腹板承剪比分别由 30.1%、26.3% 和 27.4% 增加至 44.3%、55.9% 和 49.1%,其主要原因是该阶段内衬混凝土腹板因开裂造成其抗剪刚度逐步退化,而波形钢腹板仍处于弹性阶段,其抗剪刚度并未降低,因而波形钢腹板抗剪刚度占组合腹板比例逐步增大。当内衬混凝土裂缝贯穿至整个腹板后,组合腹板剪力主要由波形钢腹板承担,随着荷载的增加,波形钢腹板进入屈服状态,而后波形钢腹板承剪比迅速降低,内衬混凝土承剪比随之增加,这主要是因为腹板屈服后,其抗剪刚度突降所引起的。

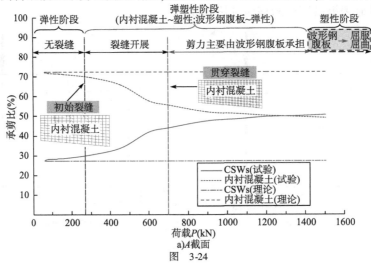

a) A 截面

图 3-24

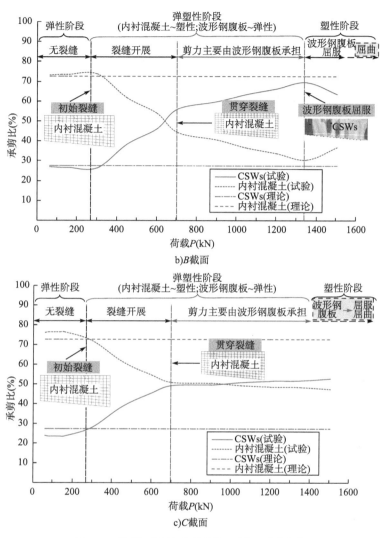

图 3-24 波形钢腹板与内衬混凝土承剪比分布规律

由上述分析可知,波形钢腹板与内衬混凝土剪力分担比可分为四种情况进行考虑:①开裂前:波形钢腹板和内衬混凝土承剪比可由两者剪切刚度比求得;②裂缝开展(内衬混凝土开裂,波形钢腹板处于弹性):两者承剪比可按1:1计算;③裂缝贯穿(内衬混凝土裂缝贯穿整个腹板,波形钢腹板仍处于弹性):仅考虑波形钢腹板承剪;④波形钢腹板屈服:可仅考虑内衬混凝土承剪,忽略波形钢腹板抗剪贡献。

3.4 波形钢腹板-内衬混凝土组合腹板参数分析

如图 3-25 所示,建立某三跨波形钢腹板组合箱梁桥全桥 ANSYS 三维空间实体有限元模型,在原有内衬模型的基础上除去内衬混凝土即得无内衬模型。

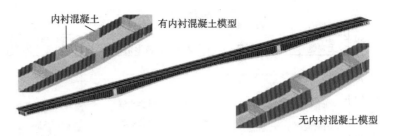

图 3-25　全桥空间实体有限元模型

混凝土顶底板、横隔梁、横隔板及内衬混凝土采用 C60 混凝土,使用 SOLID65 单元模拟,应力-应变曲线采用抛物线模型;波形钢腹板、钢上下翼缘均采用 Q345,使用 SHELL181 单元模拟,应力-应变曲线采用双折线模型;体内、体外预应力筋采用 ASTM270 级 $\varphi^{j}15.24$ 低松弛钢绞线,使用 LINK8 单元模拟;开孔板连接件采用 COMBIN14 三向弹簧单元模拟,连接件刚度按开孔板连接件试验结果选取。

两模型的支点边界条件均为一中支座约束顺桥向、横桥向和竖向位移,其他支座只约束竖向和横向位移。计算荷载考虑恒载与汽车活载,恒载包含结构自重和预应力作用,汽车活载包括中跨跨中挠度最不利活载、中支点剪力最不利活载及中支点负弯矩最不利活载。如图 3-26 所示,中跨跨中挠度最不利活载为公路-Ⅰ级三车道对称荷载,均布荷载布置于中跨,集中荷载施加于中跨跨中;中支点剪力最不利活载为公路-Ⅰ级三车道偏心荷载,均布荷载布置于中跨及一边跨,集中荷载施加于一中支点;中支点负弯矩最不利活载为公路-Ⅰ级三车道对称荷载,均布荷载布置于中跨及一边跨,集中荷载施加于中跨跨中。荷载工况按正常使用极限状态组合。

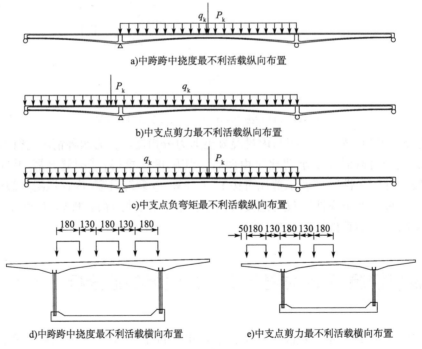

图 3-26

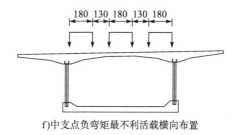

f)中支点负弯矩最不利活载横向布置

图 3-26　中跨跨中挠度最不利活载与中支点剪力最不利活载布置示意图(尺寸单位:mm)

3.4.1　内衬混凝土对组合箱梁结构性能的影响

1) 内衬混凝土对结构变形影响

在结构自重、预应力以及中跨跨中挠度最不利活载作用下,有内衬模型和无内衬模型的结构挠度如图 3-27 所示。无内衬模型中跨跨中挠度约为 6.8cm,有内衬模型相应位置处挠度约为 6.4cm,较无内衬模型减小约 6%,即内衬混凝土对结构挠曲影响较小。

2) 内衬混凝土对剪切应力影响

为比较在结构自重、预应力以及中支点剪力最不利活载作用下,有内衬模型和无内衬模型的内衬区域波形钢腹板剪应力沿高度及纵向分布情况,选取波形钢腹板竖向和纵向路径,如图 3-28 所示。pz1、pz2、pz3 为有内衬模型竖向路径,ph1、ph2、ph3 为有内衬模型纵向路径;pzn1、pzn2、pzn3 为无内衬模型竖向路径,phn1、phn2、phn3 为无内衬模型纵向路径。

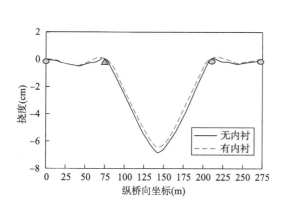

图 3-27　结构挠度

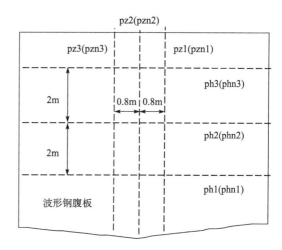

图 3-28　内衬区域波形钢腹板路径示意图

图 3-29 为波形钢腹板在各路径下剪应力分布。未设置内衬混凝土时,该区域内波形钢腹板剪应力沿高度和纵向均匀分布。设置内衬混凝土后,该区域内波形钢腹板剪应力明显减小,剪应力纵向分布与内衬混凝土厚度有关,内衬混凝土厚度越厚应力越小。

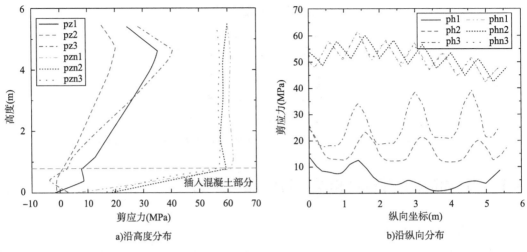

图 3-29 波形钢腹板剪应力分布

3) 内衬混凝土对稳定性能的影响

图 3-30 为在结构自重、预应力以及中支点剪力最不利活载作用下,无内衬模型的一阶屈曲模态。未设置内衬混凝土时,一阶弹性稳定系数为 3.3,失稳发生于横隔梁端部的波形钢腹板上缘,与波形钢腹板工字梁剪切屈曲位置一致,如图 3-31 所示。

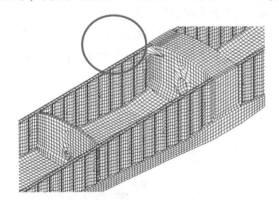

图 3-30 无内衬模型一阶屈曲模态

图 3-31 波形钢腹板工字梁剪切屈曲模态

图 3-32 为在结构自重、预应力以及中支点剪力最不利活载作用下,有内衬模型的一阶屈曲模态。设置内衬混凝土后,屈曲发生于内衬混凝土组合腹板截面与横隔板之间的波形钢腹板截面上,一阶弹性稳定系数提高至 4.7,说明内衬混凝土可有效地提高波形钢腹板的稳定性能。

4) 内衬混凝土对轴向性能的影响

在结构自重及预应力作用下,有内衬模型和无内衬模型中支点区域混凝土桥面板顶面及底

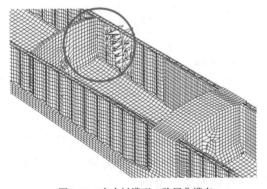

图 3-32 有内衬模型一阶屈曲模态

面纵桥向应力如图 3-33 所示。未设置内衬混凝土时,中支点处混凝土桥面板顶面、底面压应力分别为 -4.12MPa 和 -3.42MPa,设置内衬混凝土后仅为 -3.39MPa 和 -2.80MPa,分别减少 17.7% 和 18.1%,说明内衬混凝土较大程度降低预应力在该区域内的施加效率。

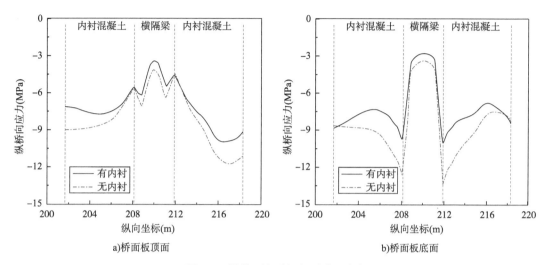

图 3-33 混凝土桥面板顶面及底面应力

5) 内衬混凝土对弯曲性能影响

在中支点负弯矩最不利活载作用下,有内衬模型和无内衬模型内衬混凝土根部、中部以及端部截面纵桥向应变沿高度分布情况如图 3-34 所示。未设置内衬混凝土时,混凝土顶底板与波形钢腹板的截面应变不连续,混凝土顶底板存在附加弯矩。混凝土顶底板在内衬混凝土根部、中部以及端部截面的附加弯矩如图 3-35 所示,附加弯矩的分布规律与荷载单独作用于混凝土顶底板的弯矩分布规律相似。当设置内衬混凝土后,各截面应变基本满足平截面假定。

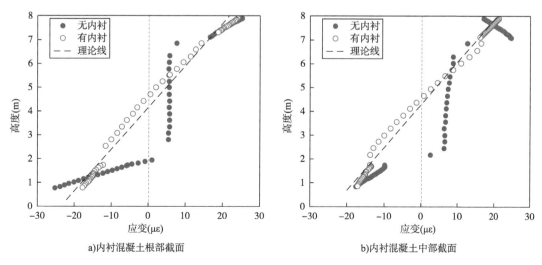

图 3-34

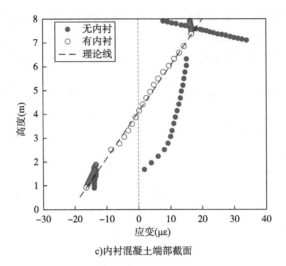

c)内衬混凝土端部截面

图 3-34 内衬混凝土区域截面弯曲应变沿高度分布

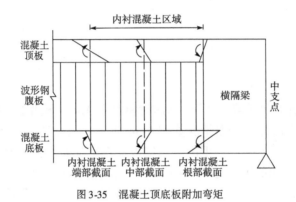

图 3-35 混凝土顶底板附加弯矩

3.4.2 内衬混凝土长度及厚度合理设计

(1) 内衬混凝土长度

保持内衬混凝土厚度不变,长度分别取 0m($l/h=0$)、3.4m($l/h=0.36$)、8.2m($l/h=0.87$)、13m($l/h=1.37$)、17.8m($l/h=1.87$),分别计算其对结构弯曲性能、稳定性和剪切性能的影响。

计算了不同内衬混凝土长度模型在恒载+中跨跨中挠度最不利活载工况下结构挠度,如图 3-36 所示。由图 3-36a)可知,在墩顶负弯矩区域内,内衬混凝土长度越长,梁体挠度越小,这说明内衬混凝土可以提高墩顶附近结构整体刚度。此外,从图 3-36b)中跨跨中挠度分布可知,当内衬长度与梁高比 $l/h \leqslant 0.36$ 时,跨中挠度小于无内衬混凝土模型,但当 $l/h>0.36$ 时,随着内衬混凝土长度增加,中跨跨中挠度也随之增加,尤其当 $l/h \geqslant 1.37$ 时挠度增加更为显著。而边跨跨中挠度在 $l/h \leqslant 1.37$ 时,其跨中挠度随内混凝土的增加而减小,当 $l/h \geqslant 1.37$ 后,边跨跨中挠度随内衬混凝土长度增加开始下降。这主要是因为中跨跨径(160m)远大于边跨跨径(100m),而内衬混凝土长度越大,结构自重越大,内衬混凝土带来的刚度增加的影响超过了其自重对结构挠度的影响。因此,对于跨径较大的波形钢腹板组合结构桥梁,为降低自重对结构挠度的影响,内衬混凝土长度不宜太长,其长度与梁高比值 $l/h \leq 1.37$ 为宜。

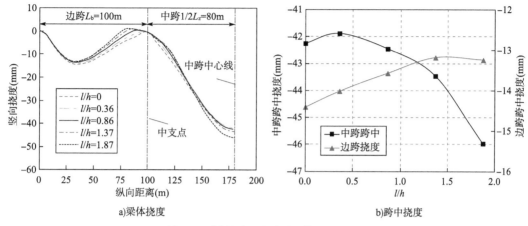

图 3-36　内衬混凝土长度对梁体挠度的影响

不同内衬混凝土长度对结构屈曲稳定性的影响如图 3-37 所示。由图 3-37a)可知,当 $l/h \leq 0.87$ 时,内衬混凝土长度的增加对结构前三阶弹性稳定系数的影响很小;但当 $0.87 \leq l/h \leq 1.37$,随着内衬混凝土长度的增加,结构弹性稳定系数有明显的提高;当 $l/h \geq 1.37$ 时,内衬混凝土长度的增加对结构弹性稳定系数的影响程度逐渐降低。从图 3-37b)可看出,不同内衬混凝土长度模型结构失稳模态一致,失稳均发生在内衬结束附近波形钢腹板上。因此,综合考虑内衬混凝土对结构稳定性和经济性考虑,内衬混凝长度取值宜在 $0.87 \leq l/h \leq 1.37$ 范围内。

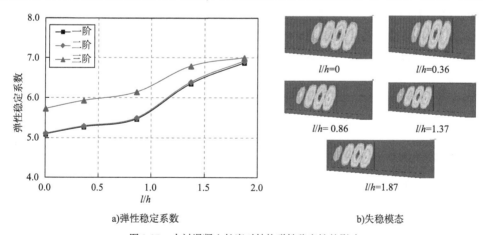

图 3-37　内衬混凝土长度对结构弹性稳定性的影响

不同内衬混凝土长度对波形钢腹板剪应力的影响如图 3-38 所示。由图 3-38a)可知,内衬混凝土的布置有利于降低内衬布置区域内波形钢腹板剪应力值,且无论内衬混凝土长度如何,在内衬结束附近均由于刚度突变造成波形钢腹板剪应力出现陡增现象。此外,从图 3-38b)可以看出,随着内衬混凝土长度的增加,波形钢腹板的最大剪应力和最小剪应力基本保持不变,因此,内衬混凝土长度的增加不会降低波形钢腹板关键截面剪应力的大小,实际工程中内衬混凝土的设置不宜过长。

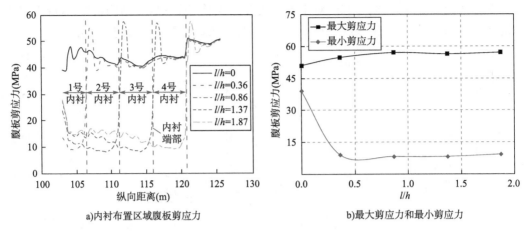

图 3-38 内衬混凝土长度对腹板剪应力的影响

(2) 内衬混凝土厚度

保持内衬混凝土厚度长度不变,厚度分别取 $25\sim45\mathrm{cm}(t/h=0.047)$、$45\sim65\mathrm{cm}(t/h=0.068)$、$65\sim85\mathrm{cm}(t/h=0.089)$、$85\sim105\mathrm{cm}(t/h=0.111)$、$105\sim125\mathrm{cm}(t/h=0.131)$,分别计算其对结构弯曲性能、稳定性和剪切性能的影响。

计算了不同内衬混凝土厚度模型在恒载+中跨跨中挠度最不利活载工况下结构挠度,如图 3-39 所示。由图 3-39b) 可知,在墩顶负弯矩区,内衬混凝土厚度对结构挠度影响较小;在边跨区域,内衬混凝土厚度与梁高比 $t/h\leqslant0.068$ 时,跨中挠度随内衬厚度增加而减小,当 $0.068\leqslant t/h\leqslant0.111$ 时,随着内衬厚度增加,跨中挠度基本保持不变,当 $t/h\geqslant0.111$ 时,边跨跨中挠度随着内混凝土厚度增加而减小;而中跨跨中挠度随内衬混凝土厚度增加而增加,但当 $t/h\geqslant0.111$ 时,增加趋势更加明显。因此,考虑内衬混凝土厚度对结构挠度的影响,其最大厚度与中支点梁高比值宜在 $0.068\leqslant t/h\leqslant0.111$ 之内。

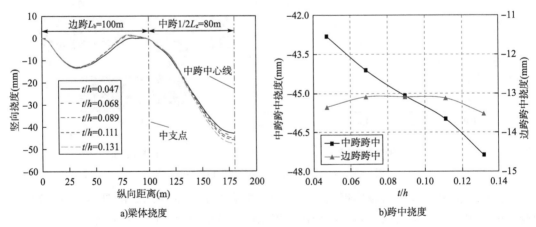

图 3-39 内衬混凝土长度对梁体挠度的影响

计算了不同内衬混凝土厚度模型在恒载+中跨跨中挠度最不利活载工况下结果一阶弹性稳定系数。结果表明,不同内衬混凝土厚度对结构屈曲稳定性的几乎没有影响,内衬混凝土最大厚度从 $25\sim125\mathrm{mm}$,其一阶弹性稳定系数为 $6.8\sim7.0$,且结构失稳模态一致,均出现在内衬结束后的波形钢腹板上。这说明增加内衬混凝土厚度并不能提高结构稳定性,如需改善结构稳定性,可通过增加内衬长度达到目的。

不同内衬混凝土厚度对波形钢腹板剪应力的影响如图3-40所示。由图3-40a)可知,随着内衬混凝土厚度的增加,内衬区域内波形钢腹板剪应力有所降低,但从图3-40b)可以看出,腹板剪应力减少程度随内衬厚度增加逐渐趋于缓慢,当 $t/h \geq 0.111$ 时,内衬混凝土厚度对腹板剪应力几乎没有影响。这是由于内衬混凝土厚度的增加不仅会提高该区域腹板抗剪刚度,也会造成结构自重增加。

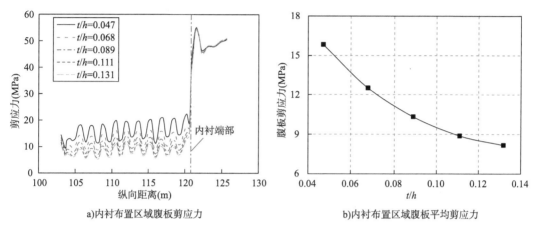

a)内衬布置区域腹板剪应力　　　　b)内衬布置区域腹板平均剪应力

图3-40　内衬混凝土厚度对腹板剪应力的影响

3.5 本章小结

本章推导了弹性阶段波形钢腹板与内衬混凝土组合腹板的等效剪切刚度计算式,通过一组波形钢腹板双悬臂梁模型试验分析了内衬混凝土对结构的受力影响并给出了所推公式的适用范围,最后通过参数分析,建议了实际工程中内衬混凝土布置形式及几何参数的取值,主要结论如下:

(1)波形钢腹板厚度对组合腹板轴向刚度值影响不是很大,内衬混凝土厚度对组合腹板刚度有一定影响,等效刚度计算模型在弹性范围能够较为准确地评价波形钢腹板内衬混凝土组合构件整体的初始刚度。

(2)内衬混凝土可明显降低中支点区域内波形钢腹板剪应力,提高结构抗扭刚度。

(3)内衬混凝土与波形钢腹板剪力承担比例随荷载的增加而变化,弹性阶段可按两者抗剪刚度比值求得,内衬混凝土开裂后可按1∶1考虑,出现贯穿裂缝后仅考虑波形钢腹板承剪,波形钢腹板屈服后仅考虑内衬混凝土承剪。

(4)通过参数分析,给出了内衬混凝土长度和厚度取值范围。实桥设计时,内衬混凝土长度与支点梁高比值宜在 $1.0 \leq l/h \leq 1.5$ 范围内,厚度沿桥轴向宜采用变厚度设计,且最大厚度与支点梁高比值宜在 $0.07 \leq t/h \leq 0.120$ 范围内,最小厚度应满足浇筑和构造要求。

第 4 章

变截面波形钢腹板组合箱梁的扭转与畸变性能研究

4.1 波形钢腹板组合箱梁桥的扭转性能研究

箱形梁的受力是复杂的空间问题,在一般荷载作用下,箱梁截面不仅会发生刚性扭转,而且还会产生截面的畸变变形。一般荷载可以等效为刚性扭转荷载、畸变荷载和弯曲荷载的叠加。在桥梁结构中由于支撑条件的约束、断面沿跨径的变化以及结构体系的影响等因素,使得桥梁结构在偏心荷载的作用下发生的刚性扭转一般处于受约束状态,自由扭转的情况并不多见。本章主要讨论波形钢腹板箱梁的刚性扭转,即在刚周边假定的前提下,对波形钢腹板箱梁的约束扭转进行力学分析。

4.1.1 箱梁约束扭转的基本理论

关于周边不变形闭口薄壁杆件的约束扭转效应,大致有以下理论解析方法。

(1) 乌曼斯基第一理论

该理论是由乌曼斯基(Umanskii)在 1939 年提出来的,他认为闭口薄壁杆件在约束扭转时的纵向位移 u 沿杆件长度方向 z 的变化与自由扭转完全相同,即假设翘曲函数 $\beta = \theta$,通过求得扭转角微分方程获得翘曲正应力和剪应力。乌曼斯基在提出这一理论以后不久就发现应用该理论求解某些闭口薄壁杆件时会引起较大的误差。

(2) 乌曼斯基第二理论

在乌曼斯基第一理论的基础上,乌曼斯基放弃了 $\beta = \theta$ 这一假定,重新定义衡量翘曲程度的函数 β 为待求量,并在分析推导中建立了 β 与 θ 的关系,从而建立新的理论,即乌曼斯基第二理论。该理论比第一理论显著提高了精度,并在工程中得到广泛应用。

(3) 广义坐标法

符拉索夫(Vlasov)从周边可变形闭口截面杆件扭转分析出发,根据虚功原理,以及周边变形参数为零的假定,导出周边不变形闭口截面杆件的刚性扭转解析法,将复杂的空间受力转化为一维问题进行求解。广义坐标法适用于任何支撑形式的边界条件,并且可以应用于变截面箱梁的分析。广义坐标法中所需的边界条件不够明确,并且其全部剪应力按照胡克定律求得,沿周边按直线变化,是这种理论的不足之处。

(4)约束扭转瑞斯纳原理

瑞斯纳(Reissner)引进翘曲函数,利用泛函推导,把应力和位移同时作为变分的未知量,建立泛函方程,进行变分后,得出力与位移的关系及平衡条件,这种力与位移的关系和平衡条件符合刚周边假定条件下结构的真实应力和位移状态,从而推导出箱梁约束扭转的微分方程,该理论和乌曼斯基理论相比更为严谨。

(5)约束扭转的简化计算方法

长沙铁道学院王荣辉教授提出,在箱梁各板块的交界线处设想有一个弦杆,弦杆与弦杆之间仍用原来各板块连接起来组成。弦杆主要产生均匀分布的正应力,各板块主要产生剪应力,根据板和变换后弦杆应具有相同曲率变形这一条件导出弦杆面积。通过分析梁段微元体的受力,建立静力平衡方程,进而根据变分原理得到翘曲正应力的微分方程,代入边界条件可获得约束扭转翘曲正应力。该方法是近似简化处理方法,计算步骤相对简洁。

乌曼斯基第一理论由于存在明显的缺陷,因而逐渐被抛弃;广义坐标法尽管能够同时考虑约束扭转和畸变的耦合作用,较为符合实际情况,精度较好,并且与有限元分析结果吻合性较好,但这种方法只限于计算具有双对称轴的矩形箱梁,因而其应用具有很大的局限性;约束扭转的 Reissner 理论在推导过程上来说比乌曼斯基第二理论严谨,而且精度比乌曼斯基第二理论好,但是 Reissner 理论的翘曲系数的计算比乌曼斯基第二理论要麻烦很多,从工程需要的精度来看,用乌曼斯基第二理论代替瑞斯纳理论是完全可行的。乌曼斯基第二理论方法简单,发展较为成熟,计算的应力偏于安全且精度能够满足工程要求,并且可以计算带伸臂的单室和多室的矩形箱梁或梯形箱梁,所以该理论在工程界被广泛采用。

4.1.2 乌曼斯基第二理论

(1)单箱室箱梁的自由扭转

当箱梁发生自由扭转时,截面各纤维纵向变形是自由的,梁的纵向位移在各个横截面均相同,因此纵向纤维不发生应变,不产生纵向应力,截面上发生相同应力分布规律的剪应力(图4-1)。设剪应力τ沿壁厚均匀分布,剪力流表示剪应力与壁厚的乘积,并以 q 表示,即 $q = \tau \times t$,计算时取箱壁的中央面,并将剪力流作用在中央面上。根据剪应力互等定理,自由扭转时剪力流 q 沿周边等值分布。设 h 为扭心 o 点至箱壁中线在任一点的切线的垂直距离,剪力流在整个截面上的合力形成的扭矩为 M_k(图4-2),则有:

$$q = M_k / \Omega \tag{4-1}$$

式中 $\Omega = \int h \cdot \mathrm{d}s$,称为 Bredt 第一公式。

另外,箱梁自由扭转时,扭矩 M_k 与截面扭率 θ' 存在如下关系:

$$M_k = GI_d \theta' \tag{4-2}$$

式中:I_d——$\dfrac{\Omega^2}{\int \dfrac{\mathrm{d}s}{t(s)}}$ 为箱梁截面的抗扭惯矩;

$\mathrm{d}s$——沿箱壁中线的微段长度,式(4-2)称为 Bredt 第二公式。

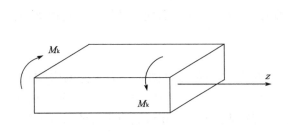

图 4-1 箱梁自由扭转示意图

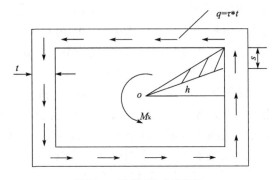

图 4-2 横截面内力示意图

箱壁剪切变形和截面的扭率之间的关系可表示为：

$$\int \gamma(s) \mathrm{d}s = \Omega \frac{M_k}{GI_d} = \Omega \cdot \theta' \tag{4-3}$$

上式是所有闭合薄壁杆断面所要满足的剪切变形连续性条件。

根据箱壁微元体的变形及受力分析，可得到箱梁截面自由扭转时的纵向位移的表达式为：

$$u(z) = u_0(z) - \overline{\omega}\theta'(z) \tag{4-4}$$

式中，$\overline{\omega} = \omega - \rho\bar{s}$，称为广义扇形坐标，其中 $\omega = \int_0^s h \mathrm{d}s$，为箱壁点的扇形坐标；$\bar{s} = \int_0^s \frac{\mathrm{d}s}{t}$；$\rho = \Omega \Big/ \int_0^s \frac{\mathrm{d}s}{t(s)}$。

在刚性约束扭转时，按照乌曼斯基第二理论，假定箱梁截面约束扭转纵向位移同自由扭转位移的关系式存在相似的变化规律，定义翘曲函数 β，但 β 不等于 θ，而是 z 的一个待定函数。纵向位移：

$$u(z) = u_0(z) - \overline{\omega}\beta'(z) \tag{4-5}$$

式中：$u_0(z)$——弧长起算点 $s=0$ 处的纵向位移。

(2) 约束扭转正应力

利用平面应力问题中应力与应变之间的关系式并按照截面周边不变形的假定 $\varepsilon_s = 0$，可求得约束扭转正应力：

$$\sigma_\omega = \frac{E}{1-\mu^2}(\varepsilon_z + \mu\varepsilon_s) = \frac{E}{1-\mu^2}\varepsilon_z \tag{4-6}$$

由于 $1-\mu^2 \approx 1$，将式中 $E/(1-\mu^2)$ 近似取为 E，得：

$$\sigma_\omega = E\varepsilon_z = E\frac{\partial u}{\partial z} = E(u_0'(z) - \overline{\omega}\beta''(z)) \tag{4-7}$$

现设箱梁截面上只加扭矩 M_k，引起在 Z 轴上的正应力 $\sigma\omega$ 系自平衡力系，因而正应力合力为零，且对 x 轴、y 轴的弯矩总和也等于零，即：

$$\sum N = \int_A \sigma_\omega \mathrm{d}A = 0 \tag{4-8}$$

$$\sum M_y = \int_A \sigma_\omega \cdot x \mathrm{d}A = 0 \tag{4-9}$$

$$\sum M_x = \int_A \sigma_\omega \cdot y \mathrm{d}A = 0 \qquad (4\text{-}10)$$

将式(4-7)代入式(4-8)中,得:

$$u'_0(z) \cdot A - \beta''(z) \int_A \overline{\omega} \cdot \mathrm{d}A = 0 \qquad (4\text{-}11)$$

$$u'_0(z) \cdot \int_A x \cdot \mathrm{d}A - \beta''(z) \int_A \overline{\omega} \cdot x \mathrm{d}A = 0 \qquad (4\text{-}12)$$

$$u'_0(z) \cdot \int_A y \cdot \mathrm{d}A - \beta''(z) \int_A \overline{\omega} \cdot y \mathrm{d}A = 0 \qquad (4\text{-}13)$$

使弧长起算点取主扇形零点,即此时应满足 $\int_A \overline{\omega} \mathrm{d}A = 0$,则式(4-11)、式(4-12)和式(4-13)可化为:

$$u'_0(z) = 0 \qquad \int_A \overline{\omega} \cdot x \mathrm{d}A = 0 \qquad \int_A \overline{\omega} \cdot y \mathrm{d}A = 0$$

式(4-7)可化为:

$$\sigma_\omega = -E\overline{\omega}\beta''(z) \qquad (4\text{-}14)$$

定义约束扭转双力矩为 $B_{\overline{\omega}} = \int_A \sigma_\omega \cdot \overline{\omega} \mathrm{d}A$,则:

$$B_{\overline{\omega}} = -E \cdot \beta''(z) \cdot \int_A \overline{\omega}^2 \mathrm{d}A = -EI_{\overline{\omega}}\beta''(z) \qquad (4\text{-}15)$$

$I_{\overline{\omega}} = \int_A \overline{\omega}^2 \mathrm{d}A$,$I_{\overline{\omega}}$ 称为广义主扇形惯矩。

由式(4-14)、式(4-15)得:

$$\sigma_\omega = \frac{B_{\overline{\omega}} \cdot \overline{\omega}}{I_{\overline{\omega}}} \qquad (4\text{-}16)$$

(3)约束扭转剪应力

取箱壁微元隔离体(图4-3),由 $\sum F_z = 0$,可得:

$$\frac{\partial \tau}{\partial s} \cdot t \cdot \mathrm{d}s + \frac{\partial \sigma_\omega}{\partial z} \cdot t \cdot \mathrm{d}s = 0 \qquad (4\text{-}17)$$

将式(4-7)代入上式,可得:

$$\frac{\partial \tau}{\partial s} \cdot t \cdot \mathrm{d}s = -\frac{\partial \sigma_\omega}{\partial z} \cdot t \cdot \mathrm{d}s = E\beta'''(z) \cdot \overline{\omega} \cdot \mathrm{d}A \qquad (4\text{-}18)$$

任选一初始点,定为 $s = 0$,将上式积分到 s,得到约束扭转剪应力为:

$$\tau = \frac{E\beta'''(z)}{t} \int_0^s \overline{\omega} \cdot \mathrm{d}A + \tau_0 = \frac{E\beta'''(z)}{t} S_{\overline{\omega}} + \tau_0 \qquad (4\text{-}19)$$

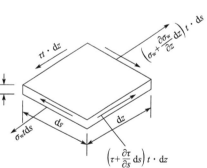

图4-3 箱壁微元隔离体(只标出 Z 向应力)

式中:$S_{\overline{\omega}}$——扇形静矩;

τ_0—— $s = 0$ 点的约束扭转剪应力。

由 $M_k = \int q \cdot h \mathrm{d}s = \int \tau \cdot h \cdot t \mathrm{d}s$ 得:

$$M_k = \int \left(\frac{E\beta'''(z)}{t}S_{\bar{\omega}} + \tau_0\right) \cdot h \cdot t \mathrm{d}s = \tau_0 \cdot t \cdot \Omega + E\beta'''(z)\int S_{\bar{\omega}}\mathrm{d}\omega \qquad (4-20)$$

则进一步可得：

$$\tau_0 = \frac{M_k}{t \cdot \Omega} - \frac{E\beta'''(z)}{t \cdot \Omega}\int S_{\bar{\omega}}\mathrm{d}\omega \qquad (4-21)$$

将上式代入式(4-19)，得：

$$\tau = \frac{E\beta'''(z)}{t}S_{\bar{\omega}} - \frac{E\beta'''(z)}{t \cdot \Omega}\int S_{\bar{\omega}}\mathrm{d}\omega + \frac{M_k}{t \cdot \Omega} \qquad (4-22)$$

经整理，得：

$$\tau = \frac{M_k}{t \cdot \Omega} + \frac{E\beta'''(z)}{t}\bar{S}_{\bar{\omega}} \qquad (4-23)$$

式中：$\bar{S}_{\bar{\omega}} = S_{\bar{\omega}} - \frac{1}{\Omega}\int S_{\bar{\omega}}\mathrm{d}\omega$，称为截面换算静面矩。

式(4-23)中箱梁在约束扭转的情况下的剪力由两项组成，第一项为自由扭转剪应力 $\tau_k = \frac{M_k}{t \cdot \Omega}$，第二项为由于正应力沿纵向变化而引起的剪应力 $\tau_\omega = \frac{E\beta'''(z)}{t}\bar{S}_{\bar{\omega}}$。

通过式(4-15)对扭转双力矩 $B_{\bar{\omega}}$ 进行微分，得：

$$\frac{\mathrm{d}B_{\bar{\omega}}}{\mathrm{d}z} = -EI_{\bar{\omega}}\beta'''(z) \qquad (4-24)$$

令

$$M_{\bar{\omega}} = -EI_{\bar{\omega}}\beta'''(z) \qquad (4-25)$$

由式(4-23)和式(4-25)可得：

$$\tau = \frac{M_k}{t \cdot \Omega} - \frac{M_{\bar{\omega}}\bar{S}_{\bar{\omega}}}{I_{\bar{\omega}}t} \qquad (4-26)$$

(4) 约束扭转的控制微分方程

由 $M_k = \int \tau \cdot t \cdot h \mathrm{d}s$ 和式(4-26)可知，断面上的总扭矩 M_k 可以看成是由自由扭转剪力流 τ_k 所形成的自由扭矩 $M_{\theta'}$ 和由 τ_ω 所形成的弯扭力矩 $M_{\bar{\omega}}$ 两部分构成，可记为：

$$M_k = M_{\theta'} + M_{\bar{\omega}} \qquad (4-27)$$

而根据自由扭转分析中扭矩和扭率 θ' 的关系可以得到：

$$M_{\theta'} = GI_d\theta' \qquad (4-28)$$

而 $M_{\bar{\omega}} = -EI_{\bar{\omega}}\beta'''(z)$

故得

$$M_k = GI_d\theta' - EI_{\bar{\omega}}\beta'''(z) \qquad (4-29)$$

如果沿 s 的方向（箱形截面周边）的位移以 v 来表示，$v = \theta h(z)$，则剪切角：

$$\gamma = \frac{\partial u}{\partial s} + \frac{\partial v}{\partial z} = \frac{\partial u}{\partial s} + h\theta'(z) \qquad (4-30)$$

由胡克定律：

$$\tau = G\gamma = G\left(\frac{\partial u}{\partial s} + h\theta'(z)\right) \qquad (4-31)$$

将式(4-23)代入式(4-31),可得:

$$u = u_0 + \frac{E\beta'''(z)}{G}\int_0^s \bar{S}_{\bar{\omega}}\frac{ds}{t} + \frac{M_k}{G\cdot\Omega}\int_0^s \frac{ds}{t} - \theta'(z)\int_0^s h\cdot ds \tag{4-32}$$

如果积分一周,使用封闭条件 $u = u_0$,则:

$$\frac{E\beta'''(z)}{G}\oint \bar{S}_{\bar{\omega}}\frac{ds}{t} + \frac{M_k}{G\Omega}\oint \frac{ds}{t} - \theta'(z)\cdot\Omega = 0 \tag{4-33}$$

对上式取微分一次,并令 $s_0 = \oint \frac{ds}{t}$,整理得:

$$\beta''''(z)\frac{E\Omega}{s_0}\oint \bar{S}_{\bar{\omega}}\frac{ds}{t} - \theta''(z)G\frac{\Omega^2}{s_0} = -m \tag{4-34}$$

式中: $m = \frac{dM_k(z)}{dz}$,为外扭矩集度。

对系数 $\frac{E\Omega}{s_0}\oint \bar{S}_{\bar{\omega}}\frac{ds}{t}$ 进行简化,经分步积分,得到:

$$\frac{E\Omega}{s_0}\oint \bar{S}_{\bar{\omega}}\frac{ds}{t} = EI_{\bar{\omega}} \tag{4-35}$$

将上式代入式(4-34),则可以简化为:

$$EI_{\bar{\omega}}\beta''''(z) - GI_d\theta''(z) = -m \tag{4-36}$$

上式即为箱梁约束扭转控制微分方程。

(5)约束扭转的控制微分方程的初参数解法

箱梁的纵向位移 $u(z) = u_0(z) - \beta'(z)\bar{\omega}$,将该式代入式(4-31),并使其满足静力方程 $M_k = \int \tau\cdot t\cdot hds$,同时考虑到 $u_0(z)$ 为常数以及 $\bar{\omega} = \omega - \rho\cdot\bar{s}$,则有:

$$-\beta'(z)\left[\int h^2 dA - \Omega^2\Big/\oint\frac{ds}{t}\right] + \theta'(z)\int h^2 dA = M_k/G \tag{4-37}$$

令 $I_\rho = \int h^2 dA$,同时已知 $I_d = \Omega^2\Big/\oint\frac{ds}{t}$,则式(4-37)可简化为:

$$\beta'(z)(I_d - I_\rho) + I_\rho\theta'(z) = M_k/G \tag{4-38}$$

由上式可进一步得到:

$$\theta'(z) = \frac{M_k}{GI_\rho} + \beta'(z)\left(1 - \frac{I_d}{I_\rho}\right) \tag{4-39}$$

令 $\mu = 1 - I_d/I_\rho$,μ 称为截面的约束系数,它反映了截面的受约束程度。对于圆形截面来说 $I_d = I_\rho$,因此 $\mu = 0$,则式(4-39)变成自由扭转方程,即圆形截面只作自由扭转。对于箱形截面,当箱的高宽比比较大时,I_d 和 I_ρ 的差别就越大,μ 值就越大,截面上的约束扭转应力也相应要大一些。式(4-39)可简化为:

$$\theta'(z) = \frac{M_k}{GI_\rho} + \beta'(z)\mu \tag{4-40}$$

对 z 微分三次,并假定 M_k 是 z 的二次函数,则 $M_k''' = 0$,上式可化为:

$$\theta''''(z) = \frac{M_k'''}{GI_\rho} + \beta''''(z)\cdot\mu = \beta''''(z)\cdot\mu \tag{4-41}$$

将上式代入(4-36),得到:

$$\frac{1}{\mu}\theta''''(z)EI_{\bar{\omega}} - GI_d\theta''(z) = -m \qquad (4\text{-}42)$$

令 $k^2 = \frac{GI_d}{EI_{\bar{\omega}}} \cdot \mu$,称为约束扭转的弯扭特性系数,则上式简化为:

$$\theta''''(z) - k^2\theta''(z) = \frac{-m\mu}{EI_{\bar{\omega}}} \qquad (4\text{-}43)$$

为了便于求出各种边界条件下和各种荷载作用下的 $\theta(z)$、$\beta(z)$ 和内力,先求解得出右端项为零的齐次微分方程:

$$\theta''''(z) - k^2\theta''(z) = 0 \qquad (4\text{-}44)$$

此方程表示跨内无荷载,但有支座位移、两端反力的情况,此式的通解为:

$$\theta(z) = c_1 + c_2 * z + c_3 * \text{sh}(kz) + c_4 * \text{ch}(kz) \qquad (4\text{-}45)$$

则有:

$$\theta'(z) = c_2 + c_3 * k * \text{ch}(kz) + c_4 * k * \text{sh}(kz) \qquad (4\text{-}46)$$

$$\theta'''(z) = c_3 * k_3 * \text{ch}(kz) + c_4 * k_3 * \text{sh}(kz) \qquad (4\text{-}47)$$

将式(4-40)微分一次,得:

$$\theta''(z) = \frac{m}{GI_\rho} + \beta''(z)\mu \qquad (4\text{-}48)$$

将上式再次微分,得:

$$\theta'''(z) = \frac{m'}{GI_\rho} + \beta'''(z)\mu \qquad (4\text{-}49)$$

此时 $m=0$,所以 $m'=0$,所以式(4-48)和式(4-49)可化为:

$$\theta''(z) = \beta''(z)\mu \qquad (4\text{-}50)$$

$$\theta'''(z) = \beta'''(z)\mu \qquad (4\text{-}51)$$

由于建立边界条件的需要,在求解时须求 $\beta'(z)$ 的解,因此利用式(4-40)、式(4-46),消去 $\theta'(z)$,式中只保留 $\beta'(z)$,并根据 $M_k = GI_d\theta' - EI_{\bar{\omega}}\beta'''(z)$ 以及式(4-51),再利用式(4-46)、式(4-47)以及 $k^2 = \frac{GI_d}{EI_{\bar{\omega}}} \cdot \mu$,可得:

$$\beta'(z) = [c_2 + k \cdot c_3 \cdot \text{ch}(kz) + c_4 \cdot k \cdot \text{sh}(kz) - c_2 \cdot I_d/I_\rho]/\mu \qquad (4\text{-}52)$$

所以:

$$B_{\bar{\omega}} = -EI_{\bar{\omega}}\beta''(z) = -GI_d[c_3 \cdot \text{sh}(kz) + c_4 \cdot \text{ch}(kz)] \qquad (4\text{-}53)$$

$$M_k = GI_d\theta'(z) - EI_{\bar{\omega}}\beta'''(z) = GI_d \cdot c_2 \qquad (4\text{-}54)$$

在 $z=0$ 处的 θ、β'、$B_{\bar{\omega}}$ 和 M_k 分别以 θ_0、β'_0、B_0、M_0 来表示。

将 $z=0$ 代入以上公式,分别求出 c_1、c_2、c_3、c_4,再分别代入 θ、β'、$B_{\bar{\omega}}$ 和 M_k 的表达式,可以得出

$$\begin{cases} \theta(z) = \theta_0 + \beta'_0 \dfrac{\mu}{k} \text{sh}(kz) + B_0 \dfrac{1 - \text{ch}(kz)}{GI_d} + M_0 \dfrac{kz - \mu \text{sh}(kz)}{k \cdot GI_d} \\ \beta'(z) = \beta'_0 \text{ch}(kz) - B_0 \dfrac{k \cdot \text{sh}(kz)}{\mu \cdot GI_d} + M_0 \dfrac{1 - \text{ch}(kz)}{GI_d} \\ B_{\bar{\omega}}(z) = -\beta'_0 \dfrac{\mu \cdot GI_d}{k} \cdot \text{sh}(kz) + B_0 \text{ch}(kz) + M_0 \dfrac{\mu}{k} \text{sh}(kz) \\ M_k = M_0 \end{cases} \quad (4\text{-}55)$$

利用上述公式求解箱梁约束扭转问题时,还应考虑实际箱梁结构的边界条件,通常箱梁的边界条件为:

固端： $\theta = 0$　　（无扭转）
　　　 $\beta' = 0$　　（截面无翘曲）
铰接端： $\theta = 0$　　（无扭转）
　　　　 $B = 0$　　（可自由翘曲）
自由端： $B = 0$　　（可自由翘曲）
　　　　 $\beta''' = 0$　　（截面无约束剪切）

以上分析是根据箱梁只在两端受力的假定,实际情况是杆件往往在其中部受到外加扭矩或双力矩作用,如图4-4和图4-5所示,M_k可能不为常数,β的导函数可能不连续。当距坐标原点为a处有外加扭矩M'_k作用时,在其右边总扭矩将有一个增量$\Delta M = M'_k$,它对$z > a$之所有截面θ、β'、$B_{\bar{\omega}}$的影响就如同M_0的影响一样,所以两者影响函数形式相同,只是集中扭矩M'_k至任意z截面处的距离改为$(z-a)$,即将M_0的影响函数中用$(z-a)$代替z。外加集中双力矩B_k对$z > a$截面之θ、β'、$B_{\bar{\omega}}$的影响也同样处理。当杆件离原点为a处有均布外扭矩作用时,则把距原点η处$d\eta$长度范围内的外扭矩视为集中扭矩后,按前述集中扭矩处理,然后再进行积分。如在$z > a$区段内的$\theta(z)$方程中均布外扭矩如图4-5所示之相应项为:

$$\int_0^z \dfrac{m}{kGI_d}[k(z-\eta) - \mu \cdot \text{sh}k(z-\eta)] \cdot d\eta$$

$$= \dfrac{m}{kGI_d}\left[-\dfrac{k(z-\eta)^2}{2} - \dfrac{\mu \cdot (-1)}{k}\text{ch}k(z-\eta)\right]_a^z$$

$$= \dfrac{m}{kGI_d}\left[\dfrac{k(z-a)^2}{2} + \dfrac{\mu}{k} - \dfrac{\mu}{k}\text{ch}k(z-a)\right] \quad (4\text{-}56)$$

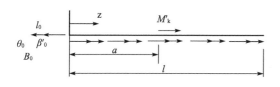

图4-4　箱梁外扭矩

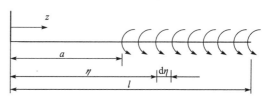

图4-5　梁上有均布外扭矩作用

若为满布外扭转,$a = 0$,则上式可化为:

$$\dfrac{m}{kGI_d}\left[\dfrac{kz^2}{2} + \dfrac{\mu}{k} - \dfrac{\mu}{k}\text{ch}(kz)\right] = \dfrac{m}{k^2 GI_d}\left[\dfrac{k^2 z^2}{2} + \mu - \mu\text{ch}(kz)\right] \quad (4\text{-}57)$$

在图4-4所示外扭矩的情况下,即外加集中与满布均布扭矩时,杆件初参数方程如下:

$$\theta(z) = \theta_0 + \beta_0' \frac{\mu}{k} \text{sh}(kz) + B_0 \frac{1 - \text{ch}(kz)}{GI_d} + M_0 \frac{kz - \mu \text{sh}(kz)}{kGI_d} -$$

$$M_k' \cdot \frac{k(z-a) - \mu \text{sh}[k(z-a)]}{kGI_d} - m \frac{\frac{1}{2}k^2z^2 + \mu[1 - \text{ch}(kz)]}{k^2 GI_d} \quad (4\text{-}58)$$

$$\beta'(z) = \beta_0' \text{ch} kz - B_0 \frac{k \text{sh}(kz)}{\mu GI_d} + M_0 \frac{1 - \text{ch}(kz)}{GI_d} - M_k' \frac{1 - \text{ch}[k(z-a)]}{GI_d} - m \frac{kz - \text{sh}(kz)}{kGI_d}$$
$$(4\text{-}59)$$

$$B_{\bar{\omega}}(z) = -\beta_0' \frac{\mu GI_d}{k} \text{sh}(kz) + B_0 \text{ch}(kz) + M_0 \frac{\mu}{k} \text{sh}(kz) - M_k' \frac{\mu}{k} \text{sh}[k(z-a)] \quad (4\text{-}60)$$

$$M_k = M_0 - M_k' - m \cdot z \quad (4\text{-}61)$$

求得 θ、β'、$B_{\bar{\omega}}$、M_k 后,便可根据约束扭转正应力、剪应力计算公式求得应力在横截面上的数值分布。

4.1.3 差分法求解变截面梁约束扭转微分方程

1) 变截面梁扭转微分方程用差分法表示

对于变截面箱梁而言,截面特性沿顺桥向不断变化,而上述初参数法是针对截面参数为常量进行推导的,对变截面梁不适用,故将变截面梁划分成若干节段,运用差分法求解变截面梁约束扭转微分方程,如图4-6所示。值得注意的是,差分法不涉及箱室数量,因此该方法对任意箱室数截面都成立。

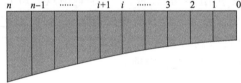

图4-6 变截面梁节段划分示意图

变截面箱梁约束扭转控制微分方程及控制方程与上述等截面梁相同,即:

$$E_c I_{\bar{\omega}} \beta''''(z) - G_c I_d \theta''(z) = -m_t \quad (4\text{-}62)$$

$$\theta'(z) = \frac{M_k}{G_c I_\rho} + \beta'(z)\mu \quad (4\text{-}63)$$

将式(4-63)求微分1次得:

$$\theta''(z) = \frac{m_t}{G_c I_\rho} + \beta''(z)\mu \quad (4\text{-}64)$$

将双扭矩表达式 $B_{\bar{\omega}} = -E_c I_{\bar{\omega}} \beta''(z)$ 微分两次得:

$$B_{\bar{\omega}}'' = -E_c I_{\bar{\omega}} - \beta''(z) \quad (4\text{-}65)$$

将式(4-64)、式(4-65)代入式(4-62)可得:

$$-B_{\bar{\omega}}'' - \left[\frac{m}{G_c I_\rho} + \mu \cdot \beta''(z)\right] G_c I_d = -m_t \quad (4\text{-}66)$$

将式 $B_{\bar{\omega}} = -E_c I_{\bar{\omega}} \beta''(z)$ 代入式(4-66),可得:

$$B_{\bar{\omega}}'' - k^2 \cdot B_{\bar{\omega}} = \mu \cdot m_t \quad (4\text{-}67)$$

式(4-67)即为以双力矩 $B_{\bar{\omega}}$ 表达的变截面箱梁约束扭转微分方程。

将该微分方程用差分法来表示,其中 B_i 表示 i 截面处的扭转双力矩,i 为截面编号,得:

$$\frac{B_{i+1} - 2B_i + B_{i-1}}{d^2} - k_i^2 \cdot B_i = \mu_i m_i \tag{4-68}$$

经整理得:

$$B_{i+1} - (2 + k_i^2 d^2)B_i + B_{i-1} = \mu_i m_i d^2 \tag{4-69}$$

式中,$i = 0,1,\cdots,n$,n 为分段数目;d 为差分点间距。

当有集中扭矩作用时,可以设想它分布在有限长度 d 上,即 M_k/d,因此式(4-69)还可以写成如下形式:

$$B_{i+1} - (2 + k_i^2 d^2)B_i + B_{i-1} = \mu_i m_i d^2 + \mu_i M_k \cdot d \tag{4-70}$$

由 $\mu \cdot B_{\bar{\omega}} = -E_c I_{\bar{\omega}} \beta''(z) \cdot \mu$ 可知:

$$\mu \cdot \beta''(z) = -\frac{\mu \cdot B_{\bar{\omega}}}{E_c I_{\bar{\omega}}} \tag{4-71}$$

将上式代入式(4-64)得:

$$\theta''(z) = -\frac{\mu}{E_c I_{\bar{\omega}}} B_{\bar{\omega}} + (1 - \mu) \frac{m_t}{G_c I_d} \tag{4-72}$$

将式(4-72)用差分法表示:

$$\theta_{i+1} - 2\theta_i + \theta_{i-1} = -\frac{k_i^2 d^2}{G_c I_d^i} B_i + (1 - \mu_i) \frac{m_i}{G_c I_d^i} d^2 \tag{4-73}$$

由式(4-62)可得总扭矩:

$$E_c I_{\bar{\omega}} \beta'''(z) - \theta'(z) G_c I_d = -M_k \tag{4-74}$$

将双力矩 $B_{\bar{\omega}} = -E_c I_{\bar{\omega}} \beta''(z)$ 微分可得弯扭力矩:

$$M_{\bar{\omega}} + G_c I_d \theta' = M_k \tag{4-75}$$

联立式(4-74)和式(4-75)可得:

$$\theta'(z) = (M_k - M_{\bar{\omega}}) \frac{1}{G_c I_d} \tag{4-76}$$

上式用差分表示为:

$$\theta_{i+1} - \theta_{i-1} = \frac{2d}{G_c I_d^i}(M_k^i - M_{\bar{\omega}}^i) \tag{4-77}$$

由于 θ'、β' 之间尚未建立关系,如分别采用两式独立计算,可能会存在误差,因而将两式结合在一起进行计算可提高计算结果精度,即:

$$\theta_{i-1} = \theta_i - \frac{k_i^2 d^2}{2 G_c I_d^i} B_i + (1 - \mu_i) \frac{m_i d^2}{2 G_c I_d^i} - \frac{d}{G_c I_d^i}(M_k^i - M_{\bar{\omega}}^i) \tag{4-78}$$

可知 $M_{\bar{\omega}} = B_{\bar{\omega}}'$,故弯扭力矩差分方程如下:

$$M_{\bar{\omega}}^i = \frac{B_{i+1} - B_{i-1}}{2d} \tag{4-79}$$

由式(4-70)、式(4-78)、式(4-79)可以分别计算各截面的 B_i、θ_i、$M_{\bar{\omega}}^i$。

2) 不同边界条件下差分方程的求解

(1) 简支梁

如简支梁两端无横隔板,截面容许翘曲,则边界条件为:

$i=0$ 截面: $B_0 = 0, \theta_0 = 0$

$i=n$ 截面: $B_n = 0, \theta_n = 0$

得出各截面 B_i、θ_i、M_ω^i 值,可得出简支梁两端截面扭矩 M_0、M_n,以下为两端扭矩平衡方程:

$$\begin{cases} M_\omega^0 + G_c I_d^0 \theta_0' = M_0 \\ M_\omega^n + G_c I_d^n \theta_n' = M_n \end{cases} \tag{4-80}$$

则式(4-80)中 θ_0'、θ_n' 可以分别进行前后差分来确定:

$$\left.\begin{array}{l} \theta_0' = \dfrac{1}{2d}(-3\theta_0 + 4\theta_1 - \theta_2) \\ \theta_n' = \dfrac{1}{2d}(-3\theta_{n-2} + 4\theta_{n-1} - \theta_n) \end{array}\right\} \tag{4-81}$$

(2)悬臂梁

对于悬臂梁而言,其边界条件如下:

$i=0$ 自由端: $B_0 = 0$

$i=n$ 固定端: $\theta_n = 0$, $M_n = \sum\int_l m(z)\mathrm{d}z$

当 $\beta_n' = 0$ 时,表示截面不允许翘曲,可得:

$$\beta'(z) = \frac{\theta'(z)}{\mu} - \frac{M_n}{\mu G_c I_\rho} = 0 \tag{4-82}$$

可得:

$$\theta_n' = \frac{M_n}{G_c I_\rho} \tag{4-83}$$

将式(4-83)代入式(4-74)得:

$$EI_\omega^n \beta''' - \frac{M_n I_d^n}{I_\rho^n} = -M_n \tag{4-84}$$

则由式(4-79),可得:

$$M_\omega^n = \frac{B_{n+1} - B_{n-1}}{2d} = M_n - \frac{M_n I_d^n}{I_\rho^n} = \mu_n M_n \tag{4-85}$$

将上式进一步化简得:

$$B_{n+1} = B_{n-1} + 2\mu_n M_n d \tag{4-86}$$

将上式代入式(4-72)得:

$$B_{n-1} + 2\mu_n M_n d - (2 + k_n^2 d^2)B_n + B_{n-1} = \mu_n m_n d^2 \tag{4-87}$$

整理得:

$$B_{n-1} - \left(1 + \frac{k_n^2 d^2}{2}\right)B_n = \frac{\mu_n m_n d^2}{2} - \mu_n M_n d \tag{4-88}$$

则 θ_i 通过式(4-70)进行求解,由固定端 $\theta_n = 0$,可直接求得 θ_{n-1},从而依次推算出各截面的扭转角 θ_i,此外,各截面的扭转力矩可通过式(4-85)进行求解。

最后,根据式(4-6)和式(4-19)求解变截面波形钢腹板横截面上约束扭转正应力 $\sigma_{t\omega}$ 和剪应力 $\tau_{t\omega}$ 各点的数值及分布情况。

4.1.4 计算案例

箱梁受力示意如图4-7所示,计算跨径 $L=10\text{m}$,左端固定,右端自由,顶板和底板为混凝土,顶板厚度 $t_1=100\text{mm}$,底板厚度为 $t_2=120\text{mm}$,波形钢腹板自由端的高度 $d_1=300\text{mm}$,固定端 $d_2=600\text{mm}$,整个梁的波形钢腹板的高度按抛物线变化。波形钢腹板的厚度为5mm, $b=63\text{mm}$, $d=50\text{mm}$, $\alpha=37.5°$。悬臂箱梁受到反对称荷载,如图4-7a)所示,可以等效为承受均布扭矩9kN·m,如图4-7b)所示。波形钢腹板与竖直方向的夹角为20°。材料性质:混凝土 $E_C=3.4\times10^4\text{MPa}$,泊松比 $\nu_C=1/6$;钢板 $E_S=2.1\times10^5\text{MPa}$,泊松比 $\nu_S=0.3$。本算例只计算刚性扭转翘曲应力。

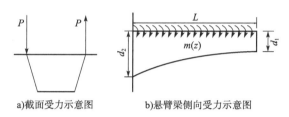

a)截面受力示意图　　b)悬臂梁侧向受力示意图

图4-7　箱梁受力示意图

(1) 等效截面

等效剪切模量根据公式可求得为 $7.264\times10^4\text{MPa}$, $n=0.2$,顶板的等效厚度为 $t_1'=n\times t_1=0.2\times100=20\text{mm}$,底板的等效厚度 $t_2'=n\times t_2=0.2\times120=24\text{mm}$, $B_c=500\text{mm}$, $B=450\text{mm}$,如图4-8所示。

(2) 等效截面几何性质

由于该梁为变截面悬臂梁,将该悬臂梁分为10段,间距为1m,如图4-9所示,求得各个截面的几何特征值,使用差分法来求解变截面微分方程,得到所选截面的双力矩和弯扭力矩,进而求得各个截面的纵向翘曲应力和剪切应力。各截面的几何参数值见表4-1。

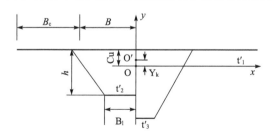

图4-8　等效断面示意图

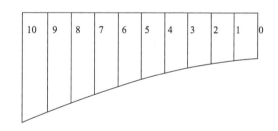

图4-9　悬臂箱梁分段示意图

悬臂梁截面几何特征值 ($d=1\text{m}$)　　表4-1

截面编号(i)	0	1	2	3	4	5	6	7	8	9	10
I_d^i (10^9mm^4)	1.235	1.248	1.285	1.347	1.429	1.533	1.653	1.784	1.921	2.058	2.188
I_ρ^i (10^9mm^4)	1.787	1.814	1.896	2.038	2.243	2.52	2.875	3.316	3.844	4.459	5.147
$\mu_i=1-I_d^i/I_\rho^i$	0.309	0.312	0.322	0.339	0.363	0.391	0.425	0.462	0.5	0.539	0.575

续上表

截面编号(i)	0	1	2	3	4	5	6	7	8	9	10
$I_\omega^i(10^{13}\text{mm}^6)$	2.508	2.582	2.79	3.179	3.77	4.572	5.688	7.139	8.983	11.266	14.033
$K_i^2 d^2$	5.521	5.479	5.388	5.217	4.993	4.765	4.485	4.19	3.884	3.571	3.254

（3）翘曲双力矩和扭转力矩以及扭转角

前面已介绍了悬臂箱梁刚性扭转的差分解法，运用 matlab 软件求解线性方程组得到各截面双力矩和弯扭力矩，见表 4-2 和表 4-3，同样可以得到各截面扭转角 θ，所得结果见表 4-4。

截面翘曲双力矩 $B_{\bar{\omega}}(\text{kN}\cdot\text{m}^2)$　　　　表 4-2

截面编号	0	1	2	3	4	5	6	7	8	9	10
双力矩	0	−0.4466	−0.5322	−0.5876	−0.6573	−0.7416	−0.8406	−0.8845	−0.4768	2.5792	19.6963

截面翘曲弯扭力矩 $M_{\bar{\omega}}(\text{kN}\cdot\text{m})$　　　　表 4-3

截面编号	0	1	2	3	4	5	6	7	8	9	10
弯扭力矩	0	−0.2661	−0.071	−0.063	−0.077	−0.092	−0.071	0.182	1.732	10.087	51.75

截面扭转角（弧度）　　　　表 4-4

截面编号	0	1	2	3	4	5	6	7	8	9	10
扭转角(10^{-4})	24.851	24.062	23.293	22.017	20.231	17.935	15.13	11.818	8.023	3.869	0

以上各表的函数图形如图 4-10 所示。

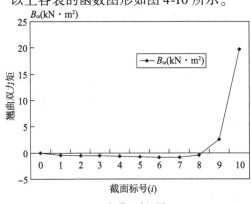

a) 翘曲双力矩图

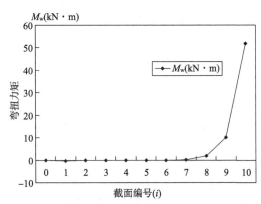

b) 弯扭力矩图

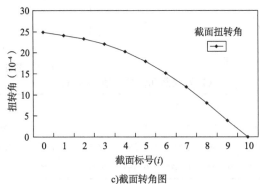

c) 截面转角图

图 4-10　翘曲双力矩、弯扭力矩、截面转角函数图

(4)翘曲正应力及翘曲剪应力

由乌曼斯基第二理论可知：

$$\sigma_\omega = \frac{B_{\bar{\omega}} \cdot \bar{\omega}}{I_{\bar{\omega}}} = \frac{B_{\bar{\omega}}}{I_{\bar{\omega}}} \cdot (\omega - \rho\bar{s}) = \frac{B_{\bar{\omega}}}{I_{\bar{\omega}}} \cdot \left(\omega - \rho\int_0^s \frac{\mathrm{d}s}{t}\right) = \frac{B_{\bar{\omega}}}{I_{\bar{\omega}}} \cdot \left(\int_0^s h\mathrm{d}s - \rho\int_0^s \frac{\mathrm{d}s}{t}\right)$$

(4-89)

每一个截面的翘曲双力矩和弯扭力矩都已求出，通过上式可以求出任意点的翘曲正应力，得出任意点的翘曲剪应力。求解的方法是先求出等效截面的翘曲正应力和剪切应力，最后等效为原截面的翘曲正应力与剪应力。等效的原则是按照混凝土的弹性模量 E_c 和波形钢腹板纵向表观弹性模量：

$$E'_0 = \gamma E_0 \left(\frac{t}{h}\right)^2 \quad (4\text{-}90)$$

式中：γ——波纹形状系数，$\gamma = \dfrac{b+d}{4b}$；

h——波形钢腹板的波高；

t——钢板板厚。

令 $n_1 = E_c/E_0$，$n_2 = E'_0/E_0$，混凝土板纵向翘曲应力为

$$\sigma_{\omega c} = n_1 \times \sigma_\omega \quad (4\text{-}91)$$

钢腹板纵向翘曲应力为：

$$\sigma_{\omega s} = n_2 \times \sigma_\omega \quad (4\text{-}92)$$

本算例中，$\gamma = 0.4484$，$h = 38$，$t = 5$，所以 $E'_0 = 0.0078E_0$，$n_1 = 0.1619$，$n_2 = 0.0078$。本算例选取截面 9 和截面 2 为例进行计算等效，$B_9 = 2.5792\mathrm{kN}\cdot\mathrm{m}^2$，$I_{\bar{\omega}}^{(9)} = 11.266 \times 10^{13}\mathrm{mm}^4$，$M_{\bar{\omega}}^{(9)} = 10.087\mathrm{kN}\cdot\mathrm{m}$；$B_2 = -0.5322\mathrm{kN}\cdot\mathrm{m}^2$，$I_{\bar{\omega}}^{(2)} = 2.79 \times 10^{13}\mathrm{mm}^4$，$M_{\bar{\omega}}^{(2)} = -0.071\mathrm{kN}\cdot\mathrm{m}$。

截面 9 等效截面纵向翘曲正应力和转化后所得的原截面纵向翘曲应力如图 4-11 所示。

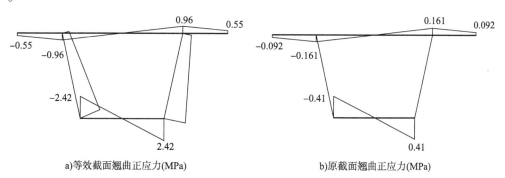

a)等效截面翘曲正应力(MPa)　　　　b)原截面翘曲正应力(MPa)

图 4-11　截面 9 等效截面和原截面翘曲正应力

截面 2 等效截面纵向翘曲正应力和转化后所得的原截面纵向翘曲应力如图 4-12 所示。
截面 9 和截面 2 的扭转翘曲剪应力分别如图 4-13 所示。

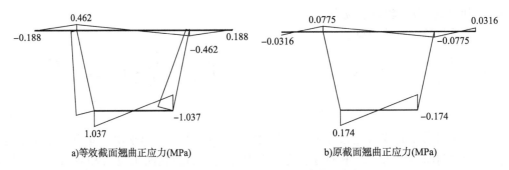

图 4-12 截面 2 等效截面和原截面翘曲正应力

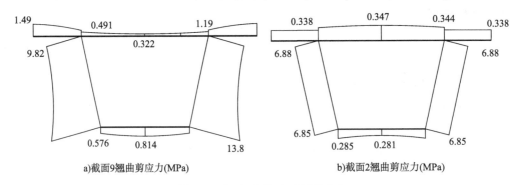

图 4-13 截面 9 和截面 2 翘曲剪应力

4.2 波形钢腹板组合箱梁桥的畸变性能研究

4.2.1 薄壁箱梁畸变分析的基本理论

波形钢腹板组合箱梁扭转约束边界条件是假定截面发生刚性扭转进行推导,即假定截面发生扭转时,周边各边线形保持不变,而实际上,在反对称荷载作用下,除了会引起截面刚性扭转,还将产生截面畸变变形,截面畸变在截面上会引起纵向畸变翘曲应力 $\sigma_{d\omega}$ 和畸变翘曲剪应力 $\tau_{d\omega}$。对于波形钢腹板组合梁这种薄壁箱梁而言截面畸变产生的翘曲应力更为显著。据有关资料介绍,中小跨径混凝土箱梁由截面扭转和畸变产生的纵向翘曲正应力可占活载和恒载共同作用产生纵向正应力的 24%~26%,而波形钢腹板组合箱梁抗扭刚度和横向抗弯刚度相比混凝土箱梁均有明显降低,由扭转与畸变引起的纵向翘曲正应力不容忽视。且已有研究表明,截面畸变是产生纵向翘曲正应力的主要原因,因此,针对波形钢腹板组合箱梁畸变的应力分析非常重要,在工程设计中必须引起重视。

目前针对箱梁畸变分析理论主要围绕等截面箱梁展开,已形成较为成熟的理论及适用方法,主要包括弹性地基梁比拟法和板梁框架法两种。其中弹性地基梁比拟法是通过能量守恒原理推导出与弹性地基梁挠曲微分方程形态一致的畸变微分方程,再通过对比分析两种微分方程之间各量的比拟关系,利用初参数法进行求解,并通过查询现有的弹性地基梁影响线确定计算截面的畸变双力矩和畸变角的影响线,最后结合影响线和畸变荷载,求得截面畸变角,进而求解畸变纵向翘曲正应力。板梁框架法主要根据箱梁面内和面外两种内力系的平衡条件,建立畸变微分方程,并引入翘曲双力矩的概念,最后通过初参数法求得角点翘曲正应力。现有针对变截面箱梁畸变分析理论主要有弹性地基梁比拟法和等代梁法两种。采用弹性地基梁比拟法畸变微分方程推导与等截面梁相同,因变截面梁沿纵向刚度是变化的,采用比拟法求解时弹簧刚度不是定值,求解过程较为困难,已有研究利用加权残值法的配点原理获得其近似解;等代梁法是将箱梁截面简化为角点铰接的折板式箱梁结构和横向框架模型进行分析,最后将箱梁的畸变问题简化为具有弹性支撑的等代梁的挠曲问题,最后采用幂级数法进行求解,但该方法适用于单箱单室截面,对于单箱多室截面求解较为复杂。

综上可知,不同截面形式,包括梁高变化、箱室数量等,其畸变微分方程的建立和求解差别较大,尚未有统一的求解方法。本节基于 Newmark 数值法提出了等截面和变截面梁畸变微分方程求解方法,求解过程简单,免去了复杂公式的推导且易掌握,非常适用于实际工程的计算。

4.2.2 畸变微分方程的建立

推导波形钢腹板组合梁畸变微分方程首先也需要将组合截面等效为全混凝土截面,等效原则为保证等效后截面抗弯刚度与等效前一致,如图 4-14 所示。

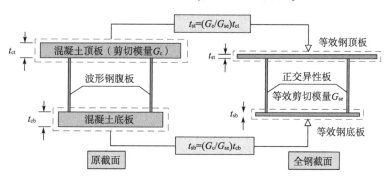

图 4-14 截面等效示意图

则波形钢腹板等效为混凝土腹板厚度 t_{we} 为:

$$t_{we} = (E_{se}/E_c)t_w \tag{4-93}$$

式中:E_{se}——波形钢腹板的等效纵向弹性模量;

E_c——混凝土弹性模量;

t_w——波形钢腹板厚度。

反对称荷载引起的箱梁畸变变形主要包含箱梁截面横向挠度和纵向畸变翘曲两部分组成。其中畸变产生的横向挠度受箱梁横向框架刚度抵抗,其畸变刚度可由与之对应的各板元的平面外力系计算求得,而截面畸变翘曲则受箱梁翘曲刚度的抵抗,相对应的翘曲刚度可由各板单元的平面内力系平衡方程求得。单箱多室箱梁的畸变分析一般采用"等代框架力学模型"求解箱梁的畸变刚度和畸变角。分析时可以忽略顶板和底板的悬臂部分,在畸变荷载作用下,单箱多室截面框架变形如图 4-15 所示。

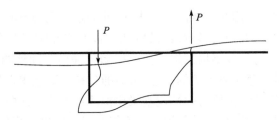

图 4-15　单箱多室箱梁反对称荷载作用下框架变形图

等截面和变截面波形钢腹板组合梁畸变微分方程如下：

等截面梁：
$$E_c I_{\bar{\omega}} \gamma'''' + E_c I_R \gamma = V_d b \tag{4-94}$$

变截面梁：
$$E_c I_{\bar{\omega}} \gamma'''' + E_c I'_{\bar{\omega}} \gamma''' + E_c I''_{\bar{\omega}} \gamma'' + E_c I_R \gamma = V_d b \tag{4-95}$$

式中：$E_c I_{\bar{\omega}}$——箱梁畸变翘曲刚度；

　　　$E_c I_R$——箱梁畸变框架刚度；

　　　V_d——畸变竖向荷载分力；

　　　b——箱梁宽度。

引入畸变双力矩概念，即：

$$B_{d\omega} = E_c I_{\bar{\omega}} \gamma'' \tag{4-96}$$

可得出畸变翘曲正应力表达式为：

$$\sigma_{d\omega} = \frac{B_{d\omega}}{I_{\bar{\omega}}} \omega \tag{4-97}$$

式中：ω——畸变翘曲曲率，箱梁上角点 $\omega_A = \dfrac{bh}{4}\dfrac{\beta}{1+\beta}$，下角点 $\omega_B = \dfrac{bh}{4}\dfrac{1}{1+\beta}$；

　　　β——截面上角点 A 和下角点 B 纵向翘曲应力比值；

　　　h——箱梁高度。

此外，相应的畸变翘曲剪应力为：

$$\tau_{d\omega} = \frac{B'_{d\omega}}{I_{\bar{\omega}} t} S_{d\omega} \tag{4-98}$$

式中：$S_{d\omega} = S_{\bar{\omega}} - \dfrac{\int S_{\bar{\omega}} d\bar{\omega}}{\Omega}$ 为广义畸变翘曲净面矩；

　　　$S_{\bar{\omega}}$——截面扇形静矩；

　　　t——各板单元厚度。

4.2.3　Newmark 数值法求解等截面梁畸变微分方程

由上节分析可知，等截面波形钢腹板组合梁畸变微分方程（4-94）与弹性地基梁挠曲方程具有完全相同的表达式，因此其畸变角和内力求解可等效为求解弹性地基梁的挠度与内力问题，下面利用 Newmark 数值法求解等截面梁畸变微分方程。

1）递推运算关系式

下面通过一简支弹性梁介绍一下用 Newmark 数值法进行内力求解时各变量的求解递推运算关系。

通过共轭梁法可知,虚梁上作用分布荷载 $\bar{q}_x$ 与实梁弯矩 M_x 和刚度 EI_x 存在以下关系:

$$\bar{q}_x = -\frac{M_x}{EI_x} \tag{4-99}$$

运用 Newark 数值法求解时,其中虚梁内力或者位移均在相应的符号上加"—",如图4-16所示,将弹性地基梁划分为6等份进行递推运算,当然,实际计算过程中,节段划分数量越多,计算精度越高。

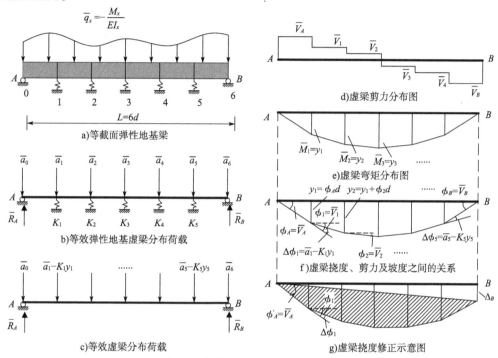

图 4-16 等截面弹性地基梁求解示意图

如图 4-16 所示,弹性地基梁在应用 Newmark 数值法递推计算时,先将其对应转化为弹性地基虚梁作用于集中荷载工况[图4-16b)],而后将分布的弹簧刚度提供的反力等效为集中力作用于各节点上进行考虑[图4-16c)],这样最后只需计算集中荷载作用下简支虚梁的内力即可。其中实梁与虚梁各符号对应关系见表4-5。

实梁与虚梁的符号相似关系 表4-5

实梁		虚梁	
名称	符号	名称	符号
曲率	$\alpha = -\dfrac{M_x}{EI_x}$	虚荷载	$\bar{q}_x = -\dfrac{M_x}{EI_x}$
坡度	ϕ	虚剪力	$\bar{V}$
挠度	y	虚弯矩	$\bar{M}$

下面一一给出各变量之间的递推关系式。
(1) 挠度与平均坡度的关系式
从图4-16e)和图4-16f)中可以看出,共轭梁段0~1上平均坡度 ϕ_A 在数值上与虚梁剪力

$\bar{V}_A$ 相等,梁段 1~2 上平均坡度 ϕ_1 与虚梁上剪力 $\bar{V}_1$ 相等,依次类推,则可得到各梁段截面上挠度之间的递推关系:

$$\begin{cases} y_1 = \phi_A d \\ y_2 = y_1 + \phi_1 d \\ y_3 = y_2 + \phi_2 d \\ \cdots \end{cases} \quad (4\text{-}100)$$

(2)平均坡度与等效集中虚荷载的关系式

从图 4-16f)中可看出,每节段梁平均坡度的变量与等效集中虚荷载有如下递推关系:

$$\begin{cases} \phi_1 = \phi_A + (\bar{a}_1 - K_1 y_1) \\ \phi_2 = \phi_1 + (\bar{a}_2 - K_2 y_2) \\ \phi_3 = \phi_2 + (\bar{a}_3 - K_3 y_3) \\ \cdots \end{cases} \quad (4\text{-}101)$$

(3)端转角计算式

共轭梁支座两端的纵坡度 ϕ_A 和 ϕ_B 即为梁的端转角 θ_A 和 θ_B,分别对应与虚梁的支反力 $\bar{R}_A$ 和 $\bar{R}_B$,即:

$$\begin{cases} \bar{V}_A = \phi_A = \dfrac{y_1 - y_0}{d} \\ \bar{V}_B = \phi_B = \dfrac{y_6 - y_5}{d} \end{cases} \quad (4\text{-}102)$$

且其与等效集中虚荷载存在以下关系:

$$\begin{cases} \bar{R}_A + \bar{a}_0 = \bar{V}_A \\ \bar{V}_B + \bar{a}_6 = \bar{R}_B \end{cases} \quad (4\text{-}103)$$

2)虚梁端平均坡度的假定

由式(4-100)~式(4-103)可以看出,想求出各节段截面的真实挠度或转角,关键在于求出梁段真正的 ϕ_A 值。如 ϕ_A 值确定,则可通过上述递推关系依次求得所有变量值。求解梁端平均坡度需要考虑结构及荷载作用形式,对称荷载作用和非对称荷载作用下其计算方法不同。

(1)结构与荷载均对称

当结构和荷载均为对称时,梁划分 n 段情况下,其平均坡度 ϕ_A 可由下式求得:

$$\phi_A = \frac{1}{2}\sum_{i=0}^{i=1}(\bar{a}_i - K_i y_i) \quad (4\text{-}104)$$

(2)结构或荷载不对称

如结构或荷载不对称时,梁端平均坡度 ϕ_A 不能直接求出,而需先任意假定 ϕ'_A 值,且其与真正的 ϕ_A 值有如下关系:

$$\phi'_A = \phi_A + c \quad (4\text{-}105)$$

上式中 c 为任意常数。将此 ϕ'_A 代入式(4-100)中,求得 B 端挠度显然不为 0,而是存在某个误差 $\Delta_B = 6dc$,如图 4-16g)所示。这与实际边界条件不符,故需根据求得误差 Δ_B 对第一次递推中各截面的挠度值进行修正,直至 $\Delta_B = 0$ 为止。

3) 等效集中虚荷载 $\bar{a}_i$ 计算

虚梁上作用分布荷载 $\bar{q}_x$ 一般呈曲线或折线两种分布形式,下面分别给出这两种分布形式下等效集中虚荷载 $\bar{a}_i$ 的计算公式。

(1) $\bar{q}_x$ 呈曲线分布

将共轭虚梁等分为 n 个节段,节段长度为 d,且分布虚荷载 $\bar{q}_x$ 在节点 A、B 和 C 上的值分别为 $\bar{a}_a$、$\bar{a}_b$ 和 $\bar{a}_c$,如图 4-17 所示。

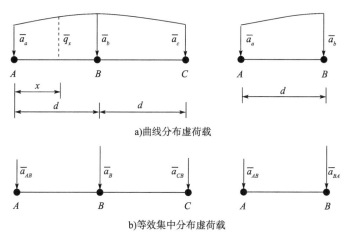

图 4-17 曲线分布虚荷载

从图 4-17a)中可知,两相邻节段间任意 x 处的分布虚荷载 $\bar{q}_x$ 可用插值函数进行拟合求得,即:

$$\bar{q}_x = \frac{1}{2}\bar{a}_a\left(\frac{x}{d}-1\right)\left(\frac{x}{d}-2\right) - \bar{a}_b\frac{x}{d}\left(\frac{x}{d}-2\right) + \frac{1}{2}\bar{a}_c\frac{x}{d}\left(\frac{x}{d}-1\right) \quad (4\text{-}106)$$

假设将分布虚荷载 $\bar{q}_x$ 转化为集中虚荷载后,作用于 A、B 和 C 节点上的等效集中虚荷载分别为 $\bar{a}_{AB}$、$\bar{a}_B$ 和 $\bar{a}_{BC}$,取其中一个节段分析,如图 4-17b)所示,则根据力和弯矩平衡条件可得:

$$\bar{a}_{AB} + \bar{a}_{BA} = \int_0^d \bar{q}_x \mathrm{d}x \quad (4\text{-}107)$$

$$d\bar{a}_{BA} = \int_0^d x\bar{q}_x \mathrm{d}x \quad (4\text{-}108)$$

将式(4-106)分别代入式(4-107)和式(4-108)可得:

$$\begin{cases} \bar{a}_{AB} = \dfrac{d}{24}(7\bar{a}_a + 6\bar{a}_b - \bar{a}_c) \\ \bar{a}_{BA} = \dfrac{d}{24}(3\bar{a}_a + 10\bar{a}_b - \bar{a}_c) \end{cases} \quad (4\text{-}109)$$

同理可得:

$$\bar{a}_{BC} = \frac{d}{24}(3\bar{a}_c + 10\bar{a}_b - \bar{a}_a) \quad (4\text{-}110)$$

由此可知,作用于 B 节点上的等效集中虚荷载 $\bar{a}_B$ 为:

$$\bar{a}_B = \bar{a}_{BA} + \bar{a}_{BC} = \frac{d}{12}(\bar{a}_a + 10\bar{a}_b + \bar{a}_c) \quad (4\text{-}111)$$

(2) $\bar{q}_x$ 呈折线分布

如图 4-18 所示,如虚荷载呈折线分布时,即 $\bar{q}_x$ 为线性方程,则根据式(4-107)和式(4-108)可得:

$$\begin{cases} \bar{a}_{AB} = \dfrac{d}{6}(2\bar{a}_a + \bar{a}_b) \\ \bar{a}_{BA} = \dfrac{d}{6}(\bar{a}_a + 2\bar{a}_b) \\ \bar{a}_{BC} = \dfrac{d}{6}(\bar{a}_c + 2\bar{a}_b) \\ \bar{a}_{CB} = \dfrac{d}{6}(2\bar{a}_c + \bar{a}_b) \end{cases} \tag{4-112}$$

进而求得

$$\bar{a}_B = \bar{a}_{BA} + \bar{a}_{BC} = \dfrac{d}{6}(\bar{a}_a + 4\bar{a}_b + \bar{a}_c) \tag{4-113}$$

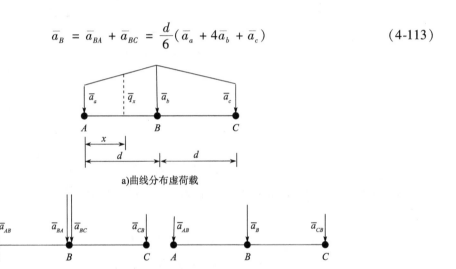

a) 曲线分布虚荷载

b) 等效集中分布虚荷载

图 4-18 折线分布虚荷载

4) 计算步骤

下面以图 4-16 中等截面简支弹性地基梁为例进行说明。其边界条件为:

对于 A 端: $y_A = M_A = 0, V_A \neq 0, \phi_A \neq 0$;

对于 B 端: $y_B = M_B = 0, V_B \neq 0, \phi_B \neq 0$。

如果 V_A、ϕ_A 为已知,则可应用上述递推关系求出该梁各截面的内力及挠度,具体计算步骤为:

(1) 假定 $V_A = \phi_A = y_A = M_A = 0$,从左往右进行递推运算,可得到不符合边界条件的 M_{Bp} 和 y_{Bp} 值,分别表示在给定 A 端条件下,由外荷载引起 B 端的弯矩和挠度。

(2) 移除外荷载,并假定 $\bar{V}_A = 1$(或任意值)作用于 A 端,而令 $\phi_A = y_A = M_A = 0$,进行同样的递推运算,同样可以得到该荷载工况下 B 端的弯矩 $M_{B\bar{V}}$ 和挠度 $y_{B\bar{V}}$。

(3) 再令 $\bar{\phi}_A = 1$(或任意值)作用于 A 端,且 $V_A = y_A = M_A = 0$,同样进行递推运算,又可得到 B 端在该工况下的弯矩 $M_{B\bar{\phi}}$ 和挠度 $y_{B\bar{\phi}}$。

(4)正确的 V_A、ϕ_A 值,通过递推运算必须满足 B 端的已知边界条件 $y_B = M_B = 0$,即:

$$\begin{cases} V_A y_{B\bar{V}} + \phi_A y_{B\bar{\phi}} + y_{Bp} = 0 \\ V_A M_{B\bar{V}} + \phi_A M_{B\bar{\phi}} + M_{Bp} = 0 \end{cases} \quad (4\text{-}114)$$

通过式(4-114)可求解得出 V_A、ϕ_A 的真实值,并通过它们修正原来的递推公式值,最后利用叠加原理,则可得到各截面的内力和挠度值。而所得弯矩值对应的就是畸变微分方程中的畸变双力矩 $B_{d\omega}$,进而通过式(4-97)和式(4-98)即可求得各截面的畸变正应力和畸变翘曲剪应力。

4.2.4 Newmark 数值法求解变截面梁畸变微分方程

1) 变截面弹性地基梁挠曲方程

弹性地基梁可比拟为具有连续弹簧支撑的梁,而由初等梁理论可知,梁的挠曲微分方程为:

$$EI_x \frac{d^2 y}{dx^2} = -M(x) \quad (4\text{-}115)$$

式中: I_x——沿跨径方向截面惯性矩。

当梁放置弹性地基上时,梁体除受外荷载 $p(x)$ 作用外,还作用有与梁体变形 y 成正比例且方向相反的地基反力 Ky,其中 K 为地基系数,则根据力平衡条件可知,

$$q(x) = Ky - p(x) \quad (4\text{-}116)$$

将 $\dfrac{d^2 M(x)}{dx^2} = q(x)$ 代入式(4-116),得:

$$\frac{d^2}{dx^2}\left(EI_x \frac{d^2 y}{dx^2}\right) = p(x) - Ky \quad (4\text{-}117)$$

即,

$$EI_x \frac{d^4 y}{dx^4} + 2E \frac{dI_x}{dx} \frac{d^3 y}{dx^3} + E \frac{d^2 I_x}{dx^2} \frac{d^2 y}{dx^2} + Ky = p(x) \quad (4\text{-}118)$$

对比式(4-95)和式(4-118)可知,变截面梁畸变微分方程与变截面弹性地基梁的弯曲方程表达形式一致。畸变微分方程中的抗畸变翘曲刚度 $E_c I_{\bar{\omega}}$ 相对应为弹性地基梁的抗弯刚度 EI_x,抗畸变框架刚度 $E_c I_R$ 相对应弹性地基梁中的各节点的弹簧刚度 K_i。但变截面梁畸变微分方程采用弹性地基比拟法求解时,其对应的畸变微分方程(4-95)中截面畸变翘曲刚度 $E_c I_{\bar{\omega}}$ 和畸变框架刚度 $E_c I_R$ 均为变量,因此,其相对应的弹簧刚度是变化的,故该微分方程直接求解较为麻烦,而用 Newmark 数值法递推运算则十分简单。

2) 计算步骤

变截面波形钢腹板组合梁畸变微分方程求解步骤如图4-19所示。

(1)将变截面波形钢腹板组合梁畸变荷载作用下[图4-19a)]内力求解等效为变截面弹性地基梁内力问题[图4-19b)]。首先利用与弹性地基梁的相似性,根据精度要求将分布的弹簧支承离散化为若干个集中弹簧支承,弹簧刚度 K_i 对应畸变分析中截面的框架刚度 $E_c I_R$。

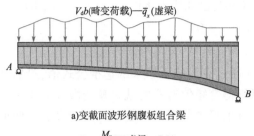
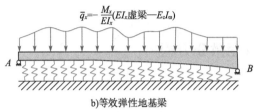
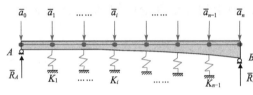

图 4-19 变截面波形钢腹板组合梁畸变计算示意图

（2）再通过共轭梁法将变截面弹性地基梁转化成一维杆系虚梁进行分析，虚梁刚度 EI_x 对应抗畸变翘曲刚度 $E_c I_{\bar{\omega}}$，将不规则分布的畸变荷载近似转化为等效集中虚荷载 $\bar{a}_i$ [图 4-19c]。

（3）最后按照上节等截面弹性地基梁递推运算步骤进行求解即可得到变截面梁畸变双力矩 $B_{d\omega}$ 和畸变角 γ。最后将求得畸变双力矩代入式（4-97）和式（4-98）即可求得截面的畸变翘曲正应力 $\sigma_{d\omega}$ 和畸变翘曲剪应力 $\tau_{d\omega}$。

4.2.5 计算案例

仍以 4.1.4 节所示的变截面波形钢腹板箱梁为例进行畸变受力分析，梁的几何尺寸、横断面布置、波形钢腹板的截面特征以及材料性质仍如 4.1.4 节所述。反对称线荷载 $P=10000\mathrm{N/m}$。

（1）畸变荷载

已知反对称线荷载 $P=10000\mathrm{N/m}$，可以得到箱梁的畸变荷载：

$$P_1 = P_3 = \frac{P \cdot a_1 \cdot a_2}{(a_2+a_4)h}, \quad P_2 = \frac{P \cdot a_2 \cdot a_4}{(a_2+a_4)h}, \quad P_4 = \frac{P \cdot a_2^2}{(a_2+a_4)h}$$

由于该箱梁为变截面波形钢腹板，所以不同截面处的畸变荷载不同，本算例计算出该箱梁等间距的 11 个截面（图 4-9）处的畸变荷载，令 $\alpha = \dfrac{a_2^2}{(a_2+a_4)}$。

（2）系数计算

进行箱梁畸变分析时，需要考虑以下参数：各板沿纵向单位宽度的横向抗弯惯性矩分别为 I_1、I_2、I_3、I_4，以及 X、δ_V、β、K_1、K_2、K_3、K_4、Ω，各参数的具体含义见本章的畸变微分方程推导过程。由于该箱梁为变截面，不同截面处的参数见表 4-6 ~ 表 4-8，故等间距取 11 个截面进行计算，然后进行曲线拟合进而得到各参数的近似函数方程，以便求解畸变微分方程。

各截面 Ω 值　　　　表 4-6

截面编号（i）	0	1	2	3	4	5	6	7	8	9	10
$\Omega(\times e^{17})$	31.481	31.583	31.838	32.178	32.215	32.103	31.202	29.386	26.52	22.637	18.02

各截面 K_3 值　　　　表 4-7

截面编号（i）	0	1	2	3	4	5
K_3	5119572.8	5064771.6	4909956.8	4647750.1	4326086.7	3966467.1
截面编号（i）	6	7	8	9	10	
K_3	3570712.6	3178067.6	2794654	2435449.6	2103783.8	

各截面 α 值   表 4-8

截面编号(i)	0	1	2	3	4	5	6	7	8	9	10
α(mm)	293.74	292.25	287.81	280.57	269.93	257.45	241.92	223.9	203.6	181.28	157.39

计算以上各值时,力的单位为 N,长度的单位为 mm,但为了方便进行曲线拟合,将长度的单位化为 m,力的单位仍为 N。由表 4-6 ~ 表 4-8 数据拟合出的曲线方程为:

$\Omega(\times 10^6)$: $\quad y = -0.003z^3 + 0.0158z^2 + 0.0072z + 3.1408$

$K_3(\times 10^6)$: $\quad y = 0.0032z^3 - 0.0613z^2 - 0.0034z + 5.1247$

α: $\quad y = -0.0013z^2 - 0.0011z + 0.2945$

由图 4-20 拟合曲线图可以看出,各截面的参数值所拟合的曲线效果很好,能够较好地反映各截面参数的变化趋势。

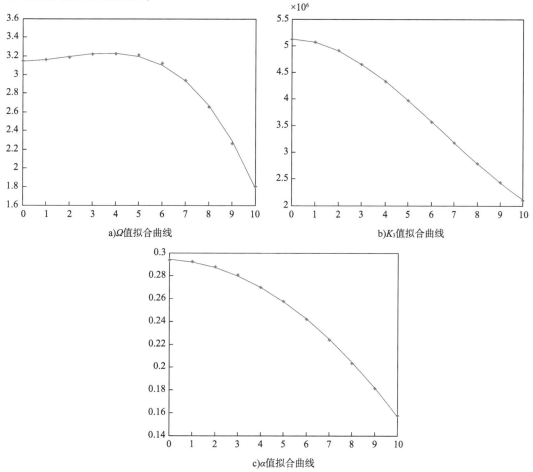

图 4-20　Ω 值、K_3 值、α 值拟合曲线

(3) 箱梁畸变微分方程与求解

变截面波形钢腹板箱梁的畸变微分方程:

$$2\Omega\gamma_2'''' + 4\Omega'\gamma_2''' + 2\Omega''\gamma_2'' + 2K_3\gamma_2 = \frac{a_2^2}{(a_2 + a_4)}P(z) = \alpha P(z) \quad (4-119)$$

将 Ω、K_3、α 的表达式代入式(4-119)，又因为该箱梁为悬臂梁，取 $\gamma_2 = z^4(z-l)^4(a_0 + a_1 z)$，其中 a_0，a_1 为待定系数，需根据配点法进行求解。配点选取 $z = l/3$、$z = 2l/3$ 进行计算。代入畸变微分方程，可得：

$$\begin{cases} 2\Omega\left(\dfrac{l}{3}\right)\gamma_2'''\left(\dfrac{l}{3}\right) + 4\Omega'\left(\dfrac{l}{3}\right)\gamma_2''\left(\dfrac{l}{3}\right) + 2\Omega''\left(\dfrac{l}{3}\right)\gamma_2'\left(\dfrac{l}{3}\right) + 2K_3\left(\dfrac{l}{3}\right)\gamma_2\left(\dfrac{l}{3}\right) = \alpha\left(\dfrac{l}{3}\right)P(z) \\ 2\Omega\left(\dfrac{2l}{3}\right)\gamma_2'''\left(\dfrac{2l}{3}\right) + 4\Omega'\left(\dfrac{2l}{3}\right)\gamma_2''\left(\dfrac{2l}{3}\right) + 2\Omega''\left(\dfrac{2l}{3}\right)\gamma_2'\left(\dfrac{2l}{3}\right) + 2K_3\left(\dfrac{2l}{3}\right)\gamma_2\left(\dfrac{2l}{3}\right) = \alpha\left(\dfrac{2l}{3}\right)P(z) \end{cases}$$
(4-120)

该方程中只有两个未知数 a_0、a_1，通过求解二元一次方程组可得：

$$a_0 = 9.8014 \times 10^{-10}, a_1 = 0.5818 \times 10^{-10}$$

将 a_0、a_1 的值代入畸变角 γ_2（单位为弧度）的表达式可得：

$$\gamma_2 = z^4(z-10)^4(9.8014 + 0.5818z) \times 10^{-10} \qquad (4\text{-}121)$$

畸变角沿波形钢腹板箱梁纵向的分布如图 4-21 所示。

前面推导过程已导出畸变双力矩的概念，将 a_0、a_1 的值代入 $\gamma''(z)$ 的表达式，可求出各截面 γ'' 的值，即可得出各截面的畸变双力矩，如图 4-22 所示。

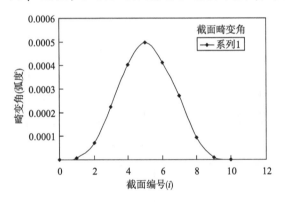

图 4-21 畸变荷载作用下箱梁畸变角

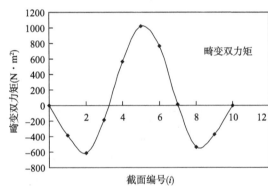

图 4-22 各截面畸变双力矩

（4）畸变所引起的翘曲正应力

得出各截面的翘曲畸变双力矩后，利用公式(4-97)即可求出各截面角点处的翘曲正应力。下面给出截面 9 和截面 2 的翘曲应力，其分布如图 4-23 和图 4-24 所示。

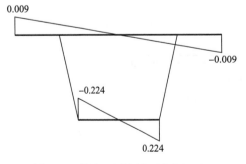

图 4-23 截面 9 畸变翘曲正应力（MPa）

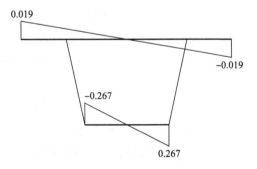

图 4-24 截面 2 畸变翘曲正应力（MPa）

① 截面 9：

$B_A(9) = -0.3715 \times 10^3 \text{N} \cdot \text{m}^2, J_A = 2\Omega/E = 2 \times E \times 6.658 \times 10^{13} \times 10^{-18}/E = 133.2 \times 10^{-6} \text{m}^6$

所以底板角点的翘曲正应力：

$$\sigma_2 = -EK_4\gamma_2'' = -EK_4 \cdot \left(-\frac{B_A}{EJ_A}\right) = \frac{B_A}{J_A} \cdot K_4 = \frac{-0.3715 \times 10^3}{133.2 \times 10^{-6}} \times 80327.7 \times 10^{-6} = -0.224 \text{MPa}$$

顶板角点的畸变翘曲正应力：

$$\sigma_1 = \beta \cdot \sigma_2 = 0.0401 \times -0.224 = -0.009 \text{MPa}$$

② 截面 2：

$B_A(2) = -0.6162 \times 10^3 \text{N} \cdot \text{m}^2, J_A = 2\Omega/E = 2 \times E \times 9.364 \times 10^{13} \times 10^{-18}/E = 187.28 \times 10^{-6} \text{m}^6$

所以底板角点的翘曲正应力：

$$\sigma_2 = -EK_4\gamma_2'' = -EK_4 \cdot \left(-\frac{B_A}{EJ_A}\right) = \frac{B_A}{J_A} \cdot K_4 = \frac{-0.6162 \times 10^3}{187.28 \times 10^{-6}} \times 81281 \times 10^{-6} = -0.267 \text{MPa}$$

顶板角点的畸变翘曲正应力：

$$\sigma_1 = \beta \cdot \sigma_2 = 0.0713 \times -0.267 = -0.019 \text{MPa}$$

4.3 大跨径变截面波形钢腹板组合箱梁桥扭转与畸变有限元分析

4.3.1 有限元模型建立

1) 单元类型

(1) 实体单元

采用 SOLID45 单元来模拟混凝土结构，包括上下翼缘板及横隔板。SOLID45 单元用于构造三维实体结构。单元通过 8 个节点来定义，每个节点有 3 个沿着 x、y、z 方向的平移的自由度。单元具有塑性、蠕变、膨胀、应力强化、大变形和大应变的能力。

(2) 杆单元

采用 LINK8 单元来模该桥的体内、体外预应力钢绞线。LINK8 单元被广泛运用于工程结构中用来模拟桁架、索、杆等结构。这种三维杆单元是杆轴方向的拉压单元，具有沿节点 x、y、z 方向的平移自由度，杆单元不承受弯矩，具有塑性、蠕变、膨胀、应力刚化、大变形、大应变等特点。

(3) 壳单元

采用 SHELL63 单元来模拟波形钢腹板结构。SHELL63 单元适合于模拟非线性、平面或曲面、厚度较薄或适当厚度的壳体结构。单元每个节点具有六个自由度：x、y、z 方向的平动自由度和绕 x、y、z 轴的转动自由度。单元内两个方向的形状改变为线性，单元具有塑性、蠕变、应力刚化、大变形和小应变的功能。

2) 单元划分

对某三跨连续梁进行三维仿真分析，上下底板使用 SOLID45 单元进行模拟，波形钢腹板使用 SHELL63 进行模拟，预应力筋使用 LINK8 单元进行模拟，其预应力通过设置单元初始应变来进行等效，预应力单元与混凝土单元通过共节点的方式进行处理，模型如图 4-25 所示。

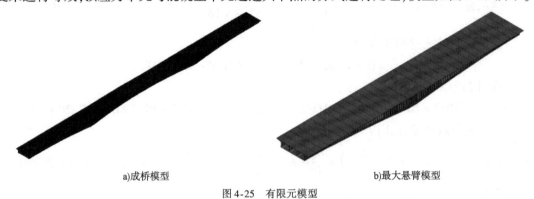

a)成桥模型　　　　　　　　　b)最大悬臂模型

图 4-25　有限元模型

4.3.2　悬臂施工期扭转与畸变性能分析

选取最大施工阶段(16 号节段)进行施工期扭转与畸变性能分析，50t 的偏心力作用在 17 号(最大悬臂梁段)截面端，作用点位置如图 4-26 所示。每个施工阶段包含两个荷载工况(选取 2/5/10/15 号截面进行分析)：

①荷载工况一:仅考虑偏载作用；
②荷载工况二:考虑自重＋预应力＋偏载作用。

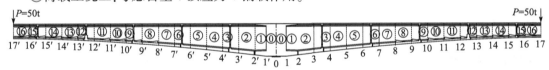

a)施工第16号块段示意图

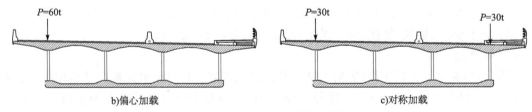

b)偏心加载　　　　　　　　　c)对称加载

图 4-26　加载方式及作用点位置

翘曲应力:偏载产生截面上的正应力减去对称荷载产生的截面的正应力。
弯曲应力:对称荷载作用下产生的截面正应力。
施工至最大悬臂阶段(16 号节段)时，分析结果如下：

(1)仅偏心荷载作用

由图 4-27 对比可知，仅偏载作用时，2-2 截面顶板最大翘曲应力出现在车道加载位置，且最大翘曲应力约为弯曲应力的 5.3%。

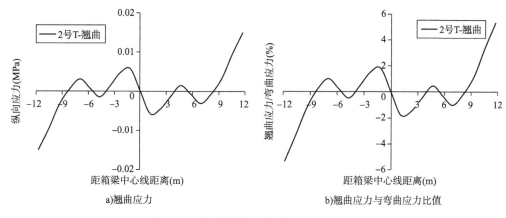

图 4-27　顶板弯曲应力与翘曲应力(2-2 截面)

由图 4-28 对比可知,仅偏载作用时,2-2 截面底板最大翘曲应力出现在车道加载位置,且最大翘曲应力约为弯曲应力的 2.1%。

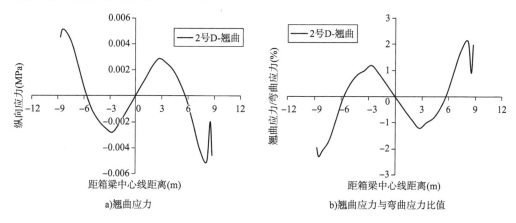

图 4-28　底板弯曲应力与翘曲应力(2-2 截面)

由图 4-29 对比可知,仅偏载作用时,5-5 截面顶板最大翘曲应力出现在车道加载位置,且最大翘曲应力约为弯曲应力的 8.0%。

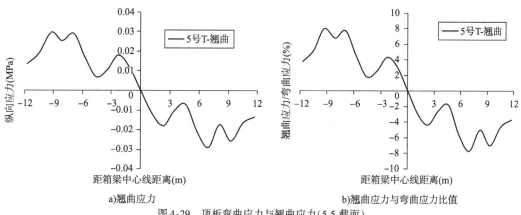

图 4-29　顶板弯曲应力与翘曲应力(5-5 截面)

由图 4-30 对比可知,仅偏载作用时,5-5 截面底板最大翘曲应力出现在车道加载位置,且最大翘曲应力约为弯曲应力的 14.5%。

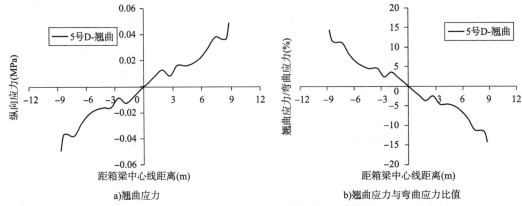

a)翘曲应力   b)翘曲应力与弯曲应力比值

图 4-30   底板弯曲应力与翘曲应力(5-5 截面)

由图 4-31 对比可知,仅偏载作用时,10-10 截面顶板最大翘曲应力出现在车道加载位置,且最大翘曲应力约为弯曲应力的 8.3%。

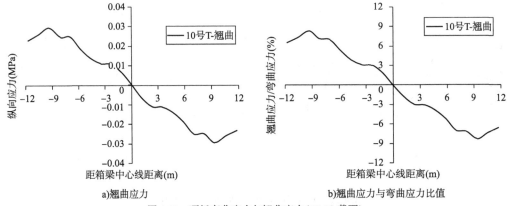

a)翘曲应力   b)翘曲应力与弯曲应力比值

图 4-31   顶板弯曲应力与翘曲应力(10-10 截面)

由图 4-32 对比可知,仅偏载作用时,10-10 截面底板最大翘曲应力出现在车道加载位置,且最大翘曲应力约为弯曲应力的 12.0%。

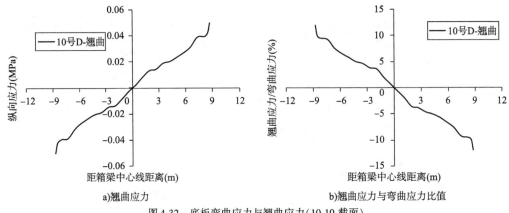

a)翘曲应力   b)翘曲应力与弯曲应力比值

图 4-32   底板弯曲应力与翘曲应力(10-10 截面)

由图 4-33 对比可知，仅偏载作用时，15-15 截面顶板最大翘曲应力出现在车道加载位置，且最大翘曲应力约为弯曲应力的 110.0%。

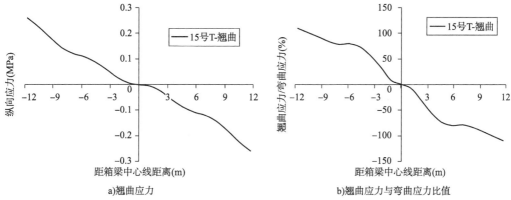

a) 翘曲应力　　　　　　　　　　　　b) 翘曲应力与弯曲应力比值

图 4-33　顶板弯曲应力与翘曲应力（15-15 截面）

由图 4-34 对比可知，仅偏载作用时，15-15 截面底板最大翘曲应力出现在车道加载位置，且最大翘曲应力约为弯曲应力的 125.8%。

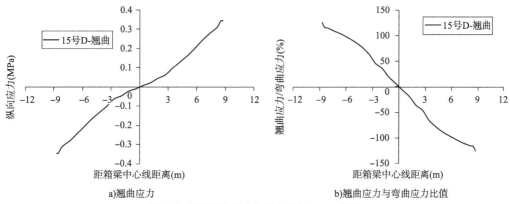

a) 翘曲应力　　　　　　　　　　　　b) 翘曲应力与弯曲应力比值

图 4-34　底板弯曲应力与翘曲应力（15-15 截面）

（2）自重 + 预应力 + 偏心荷载作用

由图 4-35 对比可知，自重 + 预应力 + 偏心荷载作用时，2-2 截面顶板最大翘曲应力出现在车道加载位置，且最大翘曲应力约为弯曲应力的 0.2%。

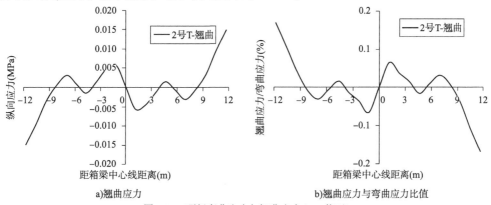

a) 翘曲应力　　　　　　　　　　　　b) 翘曲应力与弯曲应力比值

图 4-35　顶板弯曲应力与翘曲应力（2-2 截面）

由图 4-36 对比可知,自重 + 预应力 + 偏心荷载作用时,2-2 截面底板最大翘曲应力出现在车道加载位置,且最大翘曲应力约为弯曲应力的 0.1%。

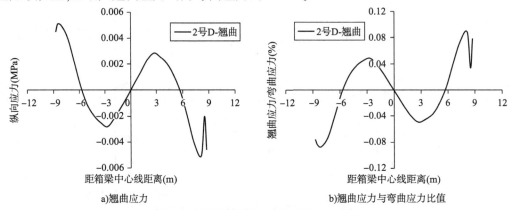

图 4-36　底板弯曲应力与翘曲应力(2-2 截面)

由图 4-37 对比可知,自重 + 预应力 + 偏心荷载作用时,5-5 截面顶板最大翘曲应力出现在车道加载位置,且最大翘曲应力约为弯曲应力的 0.4%。

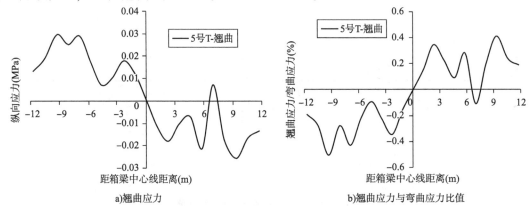

图 4-37　顶板弯曲应力与翘曲应力(5-5 截面)

由图 4-38 对比可知,自重 + 预应力 + 偏心荷载作用时,5-5 截面底板最大翘曲应力出现在车道加载位置,且最大翘曲应力约为弯曲应力的 0.6%。

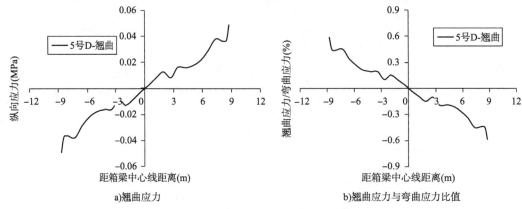

图 4-38　底板弯曲应力与翘曲应力(5-5 截面)

由图 4-39 对比可知,自重+预应力+偏心荷载作用时,10-10 截面顶板最大翘曲应力出现在车道加载位置,且最大翘曲应力约为弯曲应力的 0.5%。

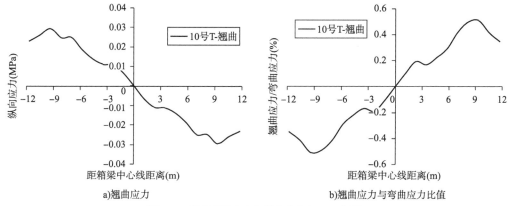

图 4-39　顶板弯曲应力与翘曲应力(10-10 截面)

由图 4-40 对比可知,自重+预应力+偏心荷载作用时,10-10 截面底板最大翘曲应力出现在车道加载位置,且最大翘曲应力约为弯曲应力的 0.8%。

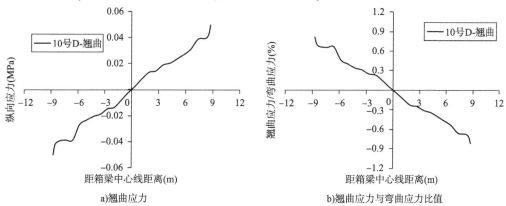

图 4-40　底板弯曲应力与翘曲应力(10-10 截面)

由图 4-41 对比可知,自重+预应力+偏心荷载作用时,15-15 截面顶板最大翘曲应力出现在车道加载位置,且最大翘曲应力约为弯曲应力的 10.0%。

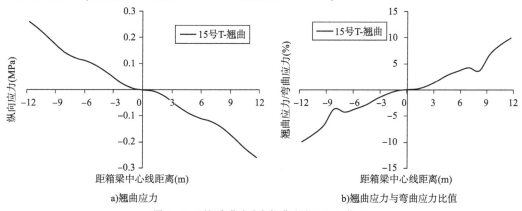

图 4-41　顶板弯曲应力与翘曲应力(15-15 截面)

由图4-42对比可知,自重+预应力+偏心荷载作用时,15-15截面底板最大翘曲应力出现在车道加载位置,且最大翘曲应力约为弯曲应力的142.5%。

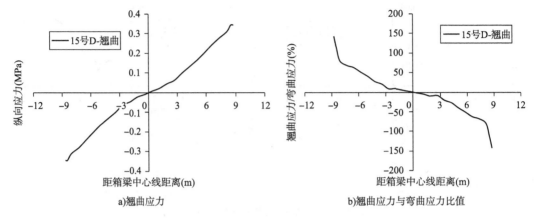

a)翘曲应力   b)翘曲应力与弯曲应力比值

图4-42 底板弯曲应力与翘曲应力(15-15截面)

4.3.3 成桥运营期扭转与畸变性能分析

计算工况分为二种:

工况一:车道1、2、3荷载作用时,车道荷载横向布置如图4-43所示。

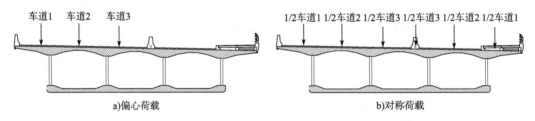

a)偏心荷载   b)对称荷载

图4-43 工况一车道荷载作用横向布置

工况二:车道1、2、3荷载+辅助车道+人群荷载+自重+预应力作用时,车道荷载横向布置如下图4-44所示。

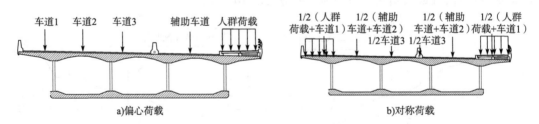

a)偏心荷载   b)对称荷载

图4-44 工况二车道荷载作用横向布置

(1)工况一分析结果

由图4-45对比可知,车道1、2、3荷载作用时,4-4截面顶板最大翘曲应力出现在车道加载位置,且最大翘曲应力约为弯曲应力的4.1%。

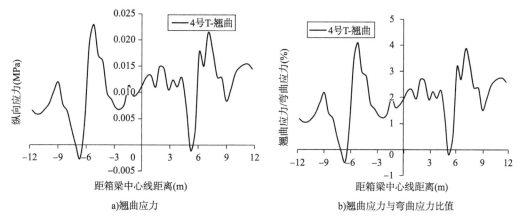

图 4-45 顶板弯曲应力与翘曲应力（4-4 截面）

由图 4-46 对比可知，车道 1、2、3 荷载作用时，4-4 截面底板最大翘曲应力出现在车道加载位置，且最大翘曲应力约为弯曲应力的 16.2%。

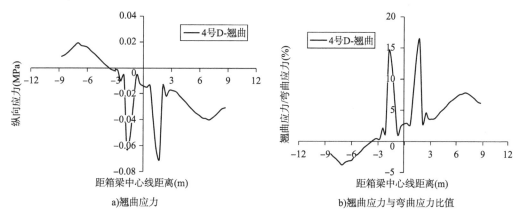

图 4-46 底板弯曲应力与翘曲应力（4-4 截面）

由图 4-47 对比可知，车道 1、2、3 荷载作用时，10-10 截面顶板最大翘曲应力出现在车道加载位置，且最大翘曲应力约为弯曲应力的 58.4%。

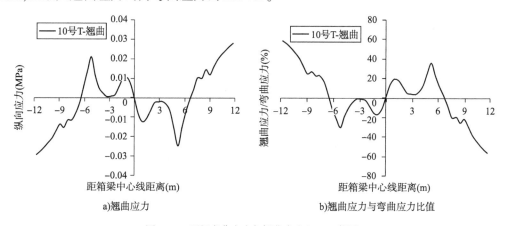

图 4-47 顶板弯曲应力与翘曲应力（10-10 截面）

由图 4-48 对比可知,车道 1、2、3 荷载作用时,10-10 截面底板最大翘曲应力出现在车道加载位置,且最大翘曲应力约为弯曲应力的 117.1%。

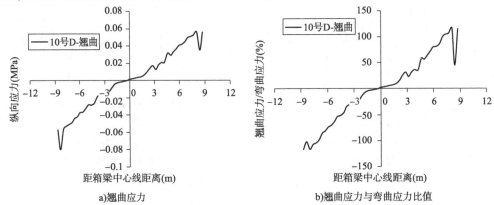

a)翘曲应力　　　　　　　　　　　　b)翘曲应力与弯曲应力比值

图 4-48　底板弯曲应力与翘曲应力(10-10 截面)

由图 4-49 对比可知,车道 1、2、3 荷载作用时,18-18 截面(跨中)顶板最大翘曲应力出现在车道加载位置,且最大翘曲应力约为弯曲应力的 65.1%。

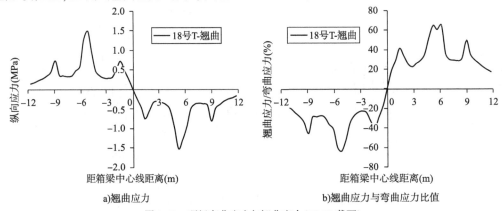

a)翘曲应力　　　　　　　　　　　　b)翘曲应力与弯曲应力比值

图 4-49　顶板弯曲应力与翘曲应力(18-18 截面)

由图 4-50 对比可知,车道 1、2、3 荷载作用时,18-18 截面(跨中)底板最大翘曲应力出现在车道加载位置,且最大翘曲应力约为弯曲应力的 23.2%。

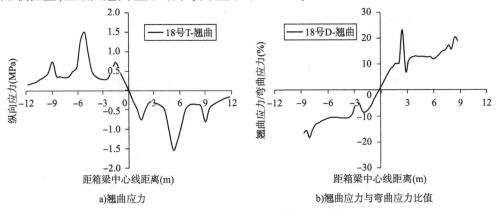

a)翘曲应力　　　　　　　　　　　　b)翘曲应力与弯曲应力比值

图 4-50　底板弯曲应力与翘曲应力(18-18 截面)

由图4-51对比可知,车道1、2、3荷载作用时,4′-4′截面顶板最大翘曲应力出现在车道加载位置,且最大翘曲应力约为弯曲应力的4.1%。

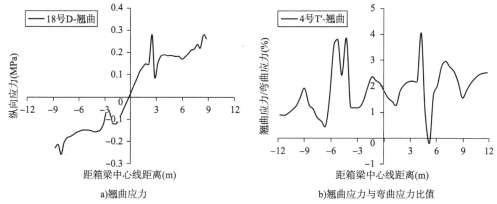

图4-51　顶板弯曲应力与翘曲应力(4′-4′截面)

由图4-52对比可知,车道1、2、3荷载作用时,4′-4′截面底板最大翘曲应力出现在车道加载位置,且最大翘曲应力约为弯曲应力的5.1%。

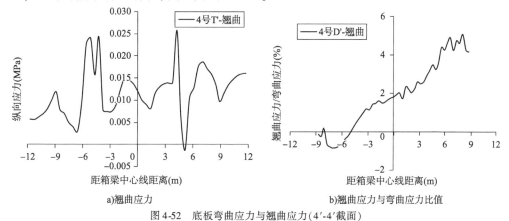

图4-52　底板弯曲应力与翘曲应力(4′-4′截面)

由图4-53对比可知,车道1、2、3荷载作用时,10′-10′截面顶板最大翘曲应力出现在车道加载位置,且最大翘曲应力约为弯曲应力的12.1%。

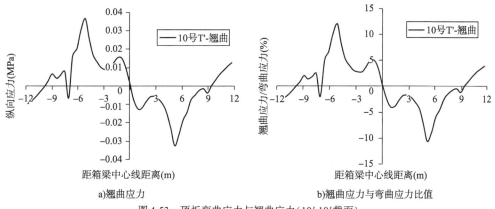

图4-53　顶板弯曲应力与翘曲应力(10′-10′截面)

由图 4-54 对比可知,车道 1、2、3 荷载作用时,10′-10′截面底板最大翘曲应力出现在车道加载位置,且最大翘曲应力约为弯曲应力的 5.1%。

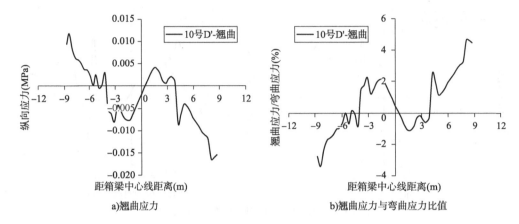

a) 翘曲应力　　　　　　　　　　b) 翘曲应力与弯曲应力比值

图 4-54　底板弯曲应力与翘曲应力(10′-10′截面)

波形钢腹板附加剪应力计算见表 4-9 和表 4-10。

各截面腹板剪应力计算值(MPa)　　　　表 4-9

截面号	梁高(m)	腹板号							
		1		2		3		4	
		弯曲	翘曲	弯曲	翘曲	弯曲	翘曲	弯曲	翘曲
4号	0.80	1.08	0.02	1.00	0.04	1.00	0.00	1.09	0.07
	1.62	0.69	0.30	0.53	0.03	0.53	0.01	0.69	0.01
	2.25	1.08	0.02	1.00	0.04	1.00	0.00	1.09	0.07
	2.98	1.08	0.02	1.00	0.04	1.00	0.00	0.73	-0.49
	3.71	1.08	0.01	1.00	0.04	1.00	0.00	0.81	-0.55
	4.43	1.08	0.01	1.00	0.04	1.00	0.00	0.81	-0.54
	5.16	1.08	0.01	1.00	0.04	1.00	0.00	0.73	-0.44
	5.89	1.08	0.00	1.00	0.04	1.00	0.00	0.67	-0.20
	6.62	1.08	0.00	1.00	0.04	1.00	0.00	0.85	0.01
10号	0.80	1.86	0.99	1.78	0.34	1.77	-0.27	1.85	-0.92
	1.27	5.06	2.81	4.99	1.00	4.99	-0.83	5.03	-2.65
	1.74	1.86	0.99	1.78	0.34	1.77	-0.27	1.85	-0.92
	2.21	1.86	0.99	1.78	0.34	1.77	-0.27	1.85	-0.92
	2.68	1.86	0.99	1.78	0.34	1.77	-0.27	1.85	-0.92
	3.15	1.86	0.99	1.78	0.34	1.77	-0.27	5.09	-2.68
	3.62	1.86	0.99	1.78	0.34	1.77	-0.27	5.08	-2.68

续上表

截面号	梁高(m)	腹板号							
		1		2		3		4	
		弯曲	翘曲	弯曲	翘曲	弯曲	翘曲	弯曲	翘曲
10号	4.10	5.08	2.81	1.78	0.34	1.77	−0.27	5.06	−2.65
	4.57	1.91	0.94	1.78	0.34	1.77	−0.27	1.90	−0.84
18号	0.80	0.52	0.68	0.74	0.03	0.74	0.42	0.52	0.87
	1.14	1.68	1.97	2.52	0.40	2.52	−0.35	1.69	−1.36
	1.49	0.53	0.70	2.03	−1.26	0.74	0.42	0.53	0.88
	1.83	1.30	1.46	0.74	0.03	0.74	0.42	0.64	−0.44
	2.17	1.18	1.22	0.74	0.03	0.74	0.42	0.64	−0.51
	2.52	1.06	0.98	0.74	0.03	0.74	0.42	0.64	−0.44
	2.86	0.96	0.75	0.74	0.03	0.74	0.42	0.64	−0.35
	3.21	0.52	0.52	0.74	0.03	0.74	0.42	0.64	−0.42
	3.55	2.48	0.10	0.74	0.03	0.74	0.42	0.64	1.82
4′号	0.80	1.30	0.00	1.12	−0.02	1.12	0.06	1.31	0.07
	1.62	0.68	0.09	0.54	0.02	0.54	0.01	0.68	0.05
	2.25	1.30	0.00	1.12	−0.02	1.12	0.06	1.31	0.07
	2.98	0.60	0.33	1.12	−0.02	1.12	0.06	0.59	−0.28
	3.71	0.69	0.35	1.12	−0.02	1.12	0.06	0.68	−0.31
	4.43	0.68	0.34	1.12	−0.02	1.12	0.06	0.67	−0.31
	5.16	0.59	0.31	1.12	−0.02	1.12	0.06	0.59	−0.26
	5.89	0.60	0.20	1.12	−0.02	1.12	0.06	0.59	−0.09
	6.62	0.94	0.04	1.12	−0.02	1.12	0.06	1.29	0.07
10′号	0.80	1.32	0.33	1.32	0.16	1.32	−0.12	1.32	−0.29
	1.27	2.90	1.08	2.92	0.47	2.92	−0.31	2.88	−0.94
	1.74	1.32	0.33	1.32	0.16	1.32	−0.12	1.32	−0.29
	2.21	1.32	0.33	1.32	0.16	1.32	−0.12	1.32	−0.29
	2.68	1.32	0.33	1.32	0.16	1.32	−0.12	1.32	−0.29
	3.15	2.91	1.08	1.32	0.16	1.32	−0.12	2.90	−0.95
	3.62	2.90	1.07	1.32	0.16	1.32	−0.12	2.88	−0.94
	4.10	2.89	1.07	1.32	0.16	1.32	−0.12	2.88	−0.94
	4.57	1.42	0.36	1.32	0.16	1.32	−0.12	1.41	−0.31

各截面腹板翘曲剪应力与弯曲剪应力比值(%)　　　表4-10

梁高(m)	4号				4'号			
	1	2	3	4	1	2	3	4
0.80	2.20	4.39	-0.21	6.80	0.02	-1.44	5.04	5.05
1.62	43.63	5.67	1.13	1.62	12.95	3.23	1.34	7.83
2.25	1.79	4.39	-0.21	6.82	0.02	-1.44	5.04	5.05
2.98	**1.64**	4.39	-0.21	-66.53	**56.12**	-1.44	5.04	-48.16
3.71	**1.24**	4.39	-0.21	-68.26	**50.68**	-1.44	5.04	-46.28
4.43	0.93	4.39	-0.21	-66.57	50.64	-1.44	5.04	-45.90
5.16	0.58	4.39	-0.21	-59.45	52.79	-1.44	5.04	-43.61
5.89	0.20	4.39	-0.21	-30.41	33.15	-1.44	5.04	-14.38

梁高(m)	10号				10'号			
	1	2	3	4	1	2	3	4
0.80	53.27	19.08	-15.46	-49.65	25.05	12.01	-8.75	-22.03
1.27	55.53	19.95	-16.67	-52.60	37.11	16.16	-10.58	-32.51
1.74	53.28	19.08	-15.46	-49.68	25.08	12.01	-8.75	-22.06
2.21	**53.29**	19.08	-15.46	-49.70	**25.05**	12.01	-8.75	-22.03
2.68	**53.30**	19.08	-15.46	-49.61	**25.05**	12.01	-8.75	-22.03
3.15	53.31	19.08	-15.46	-52.69	37.06	12.01	-8.75	-32.74
3.62	53.32	19.08	-15.46	-52.70	37.06	12.01	-8.75	-32.70
4.10	55.32	19.08	-15.46	-52.46	36.82	12.01	-8.75	-32.59

梁高(m)	18号			
	1	2	3	4
0.80	131.15	4.54	56.80	167.96
1.14	117.17	15.72	-13.99	-80.51
1.49	132.36	-61.88	56.80	166.41
1.83	**113.04**	4.54	56.80	-68.11
2.17	**103.75**	4.54	56.80	-79.55
2.52	92.46	4.54	56.80	-68.33
2.86	78.22	4.54	56.80	-54.24
3.21	99.87	4.54	56.80	-64.98

由表4-10可知,车道1、2、3荷载作用时,腹板翘曲剪应力占弯曲剪应力值由墩顶沿跨中逐渐增大,跨中最大翘曲剪应力占弯曲剪应力103%～113%。

(2)工况二分析结果

由图4-55对比可知,恒载+活载作用时,4-4截面顶板最大翘曲应力出现在车道加载处,且最大翘曲应力约为弯曲应力的0.2%。

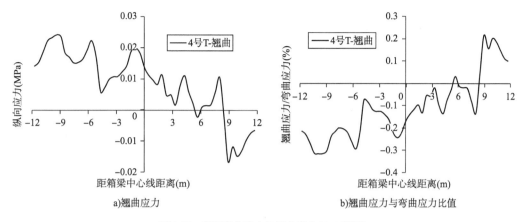

图 4-55　顶板弯曲应力与翘曲应力（4-4 截面）

由图 4-56 对比可知，恒载 + 活载作用时，4-4 截面底板最大翘曲应力出现在车道加载处，且最大翘曲应力约为弯曲应力的 1.0%。

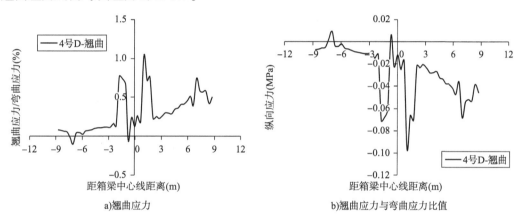

图 4-56　底板弯曲应力与翘曲应力（4-4 截面）

由图 4-57 对比可知，恒载 + 活载作用时，10-10 截面顶板最大翘曲应力出现在车道加载处，且最大翘曲应力约为弯曲应力的 0.4%。

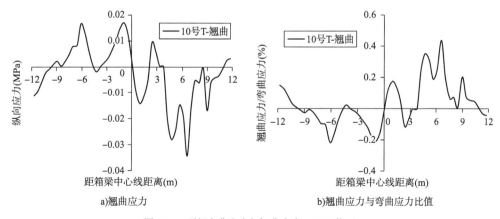

图 4-57　顶板弯曲应力与翘曲应力（10-10 截面）

由图 4-58 对比可知,恒载 + 活载作用时,10-10 截面底板最大翘曲应力出现在车道加载处,且最大翘曲应力约为弯曲应力的 2.5%。

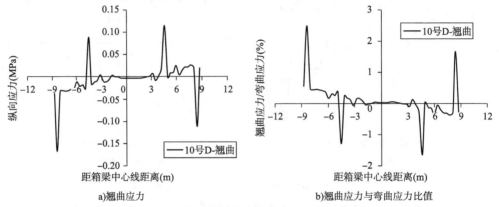

图 4-58　底板弯曲应力与翘曲应力(10-10 截面)

由图 4-59 对比可知,恒载 + 活载作用时,18-18 截面(跨中)顶板最大翘曲应力出现在车道加载处,且最大翘曲应力约为弯曲应力的 15.2%。

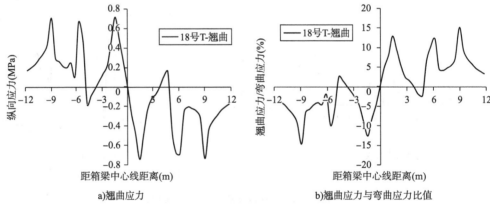

图 4-59　顶板弯曲应力与翘曲应力(18-18 截面)

由图 4-60 对比可知,恒载 + 活载作用时,18-18 截面(跨中)底板最大翘曲应力出现在车道加载处,且最大翘曲应力约为弯曲应力的 54.0%。

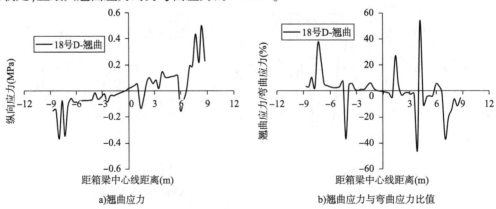

图 4-60　底板弯曲应力与翘曲应力(18-18 截面)

由图4-61对比可知,恒载+活载作用时,4′-4′截面顶板最大翘曲应力出现在车道加载处,且最大翘曲应力约为弯曲应力的0.3%。

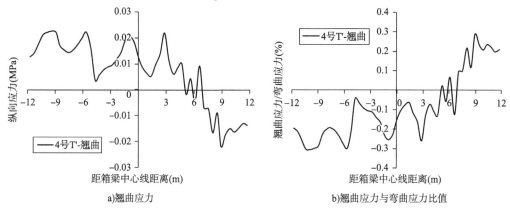

图4-61 顶板弯曲应力与翘曲应力(4′-4′截面)

由图4-62对比可知,恒载+活载作用时,4′-4′截面底板最大翘曲应力出现在车道加载处,且最大翘曲应力约为弯曲应力的0.7%。

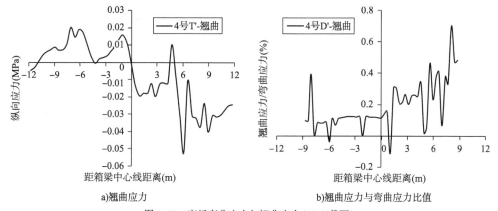

图4-62 底板弯曲应力与翘曲应力(4′-4′截面)

由图4-63对比可知,恒载+活载作用时,10′-10′截面顶板最大翘曲应力出现在车道加载处,且最大翘曲应力约为弯曲应力的0.7%。

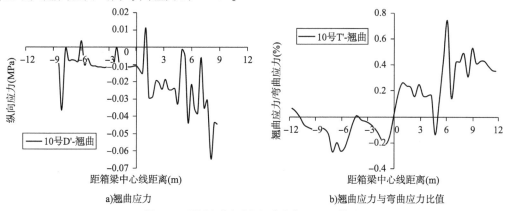

图4-63 顶板弯曲应力与翘曲应力(10′-10′截面)

由图 4-64 对比可知,恒载 + 活载作用时,10′-10′截面底板最大翘曲应力出现在车道加载处,且最大翘曲应力约为弯曲应力的 0.7%。

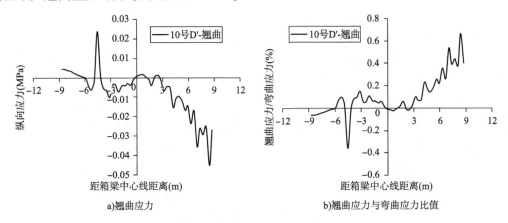

图 4-64 底板弯曲应力与翘曲应力(10′-10′截面)

波形钢腹板附加剪应力计算见表 4-11 和表 4-12。

各截面腹板剪应力计算值(MPa)　　　　　　　　　　表 4-11

截面号	梁高(m)	腹板号							
		1		2		3		4	
		弯曲	翘曲	弯曲	翘曲	弯曲	翘曲	弯曲	翘曲
4 号	0.80	19.59	0.02	18.84	-0.02	18.82	-0.02	19.56	-0.07
	1.62	25.94	0.12	20.46	0.03	20.43	-0.03	25.89	-0.13
	2.25	19.50	0.02	18.84	-0.02	18.82	-0.02	19.66	-0.07
	2.98	19.46	0.02	18.84	-0.02	18.82	-0.02	18.84	-0.15
	3.71	19.42	0.02	18.84	-0.02	18.82	-0.02	14.17	-0.14
	4.43	19.38	0.02	18.84	-0.02	18.82	-0.02	9.83	-0.12
	5.16	19.35	0.02	18.84	-0.02	18.82	-0.02	8.21	-0.04
	5.89	19.33	0.02	18.84	-0.02	18.82	-0.02	10.83	0.03
	6.62	19.33	0.02	18.84	-0.02	18.82	-0.02	18.11	0.04
10 号	0.80	37.47	0.31	36.23	0.11	36.22	-0.06	37.43	-0.27
	1.27	66.21	0.99	70.27	0.42	70.26	-0.26	66.18	-0.83
	1.74	37.45	0.31	36.23	0.11	36.22	-0.06	37.39	-0.27
	2.21	37.44	0.31	36.23	0.11	36.22	-0.06	37.37	-0.27
	2.68	37.43	0.31	36.23	0.11	36.22	-0.06	37.37	-0.27
	3.15	37.42	0.31	36.23	0.11	36.22	-0.06	66.15	-0.83
	3.62	37.41	0.31	36.23	0.11	36.22	-0.06	66.37	-0.83

续上表

截面号	梁高(m)	腹板号							
		1		2		3		4	
		弯曲	翘曲	弯曲	翘曲	弯曲	翘曲	弯曲	翘曲
10号	4.10	65.33	0.97	36.23	0.11	36.22	−0.06	65.30	−0.81
	4.57	34.72	0.35	36.23	0.11	36.22	−0.06	34.69	−0.29
18号	0.80	6.47	−0.94	6.88	−0.33	6.89	0.38	6.51	1.09
	1.14	4.00	2.08	4.72	0.46	4.73	−0.38	3.98	−2.02
	1.49	6.49	−0.95	5.18	1.37	6.89	0.38	6.53	1.11
	1.83	1.99	1.27	6.88	−0.33	6.89	0.38	7.93	−6.54
	2.17	1.74	0.84	6.88	−0.33	6.89	0.38	7.93	−6.35
	2.52	2.06	0.22	6.88	−0.33	6.89	0.38	7.93	−5.77
	2.86	2.52	0.10	6.88	−0.33	6.89	0.38	7.93	−5.45
	3.21	3.48	0.34	6.88	−0.33	6.89	0.38	7.93	−4.72
	3.55	27.22	0.00	6.88	−0.33	6.89	0.38	7.93	19.10
4′号	0.80	23.53	−0.01	20.15	−0.01	20.13	−0.03	23.48	−0.03
	1.62	26.11	0.04	20.66	0.02	20.62	−0.02	26.06	−0.03
	2.25	23.53	−0.01	20.15	−0.01	20.13	−0.03	23.48	−0.03
	2.98	18.89	0.06	20.15	−0.01	20.13	−0.03	18.85	−0.03
	3.71	14.15	0.07	20.15	−0.01	20.13	−0.03	14.12	−0.03
	4.43	9.80	0.06	20.15	−0.01	20.13	−0.03	9.78	−0.03
	5.16	7.80	0.02	20.15	−0.01	20.13	−0.03	7.77	−0.01
	5.89	11.29	0.00	20.15	−0.01	20.13	−0.03	11.25	0.02
	6.62	18.57	0.01	20.15	−0.01	20.13	−0.03	23.24	−0.03
10′号	0.80	32.63	0.04	32.16	0.04	32.13	0.01	32.56	0.01
	1.27	62.01	0.23	65.53	0.21	65.51	−0.04	61.93	−0.05
	1.74	32.61	0.04	32.16	0.04	32.13	0.01	32.54	0.01
	2.21	32.63	0.04	32.16	0.04	32.13	0.01	32.56	0.01
	2.68	32.63	0.04	32.16	0.04	32.13	0.01	32.56	0.01
	3.15	62.55	0.21	32.16	0.04	32.13	0.01	62.47	−0.03
	3.62	62.30	0.21	32.16	0.04	32.13	0.01	62.22	−0.03
	4.10	62.10	0.20	32.16	0.04	32.13	0.01	62.03	−0.03
	4.57	33.50	0.07	32.16	0.04	32.13	0.01	33.43	−0.03

各截面腹板翘曲剪应力与弯曲剪应力比值(%)　　　表4-12

梁高(m)	4号				4'号			
	1	2	3	4	1	2	3	4
0.80	0.11	-0.09	-0.13	-0.33	-0.04	-0.03	-0.15	-0.12
1.62	0.48	0.14	-0.17	-0.49	0.14	0.08	-0.09	-0.13
2.25	0.11	-0.09	-0.13	-0.33	-0.04	-0.03	-0.15	-0.12
2.98	**0.11**	-0.09	-0.13	-0.77	**0.34**	-0.03	-0.15	-0.17
3.71	**0.11**	-0.09	-0.13	-1.01	**0.48**	-0.03	-0.15	-0.23
4.43	**0.11**	-0.09	-0.13	-1.22	**0.59**	-0.03	-0.15	-0.26
5.16	0.11	-0.09	-0.13	-0.52	0.31	-0.03	-0.15	-0.08
5.89	0.10	-0.09	-0.13	0.31	-0.04	-0.03	-0.15	0.15
6.62	0.10	-0.09	-0.13	0.22	0.06	-0.03	-0.15	-0.13
梁高(m)	10号				10'号			
	1	2	3	4	1	2	3	4
0.80	0.84	0.31	-0.17	-0.71	0.14	0.14	0.02	0.03
1.27	1.49	0.59	-0.36	-1.25	0.37	0.32	-0.06	-0.09
1.74	0.84	0.31	-0.17	-0.72	0.14	0.14	0.02	0.03
2.21	**0.84**	0.31	-0.17	-0.72	**0.14**	0.14	0.02	0.03
2.68	**0.84**	0.31	-0.17	-0.71	**0.14**	0.14	0.02	0.03
3.15	**0.84**	0.31	-0.17	-1.26	**0.33**	0.14	0.02	-0.05
3.62	0.84	0.31	-0.17	-1.25	0.34	0.14	0.02	-0.05
4.10	1.49	0.31	-0.17	-1.25	0.33	0.14	0.02	-0.05
4.57	1.00	0.31	-0.17	-0.84	0.22	0.14	0.02	-0.08
梁高(m)	18号							
	1	2	3	4				
0.80	-14.59	-4.85	5.55	16.80				
1.14	51.93	9.72	-8.07	-50.90				
1.49	-14.71	26.54	5.55	16.96				
1.83	**63.66**	-4.85	5.55	-82.54				
2.17	**48.26**	-4.85	5.55	-80.11				
2.52	**10.52**	-4.85	5.55	-72.74				
2.86	3.84	-4.85	5.55	-68.81				
3.21	9.79	-4.85	5.55	-59.55				
3.55	0.02	-4.85	5.55	240.95				

由表4-12可知,车道1、2、3荷载作用时,腹板翘曲剪应力占弯曲剪应力值由墩顶沿跨中逐渐增大,跨中最大翘曲剪应力占弯曲剪应力约5.6%。

综上可知:

（1）悬臂施工期，翘曲应力与偏心荷载的作用位置有关，离作用点的位置越近，扭转翘曲应力越大，扭转翘曲应力与弯曲应力比值由墩顶锚固段向悬臂端逐渐增大；仅考虑偏载作用时，翘曲应力与弯曲应力比值较大，考虑自重时，截面约束翘曲应力占弯曲应力比值较小，一般小于10%，最大悬臂阶段荷载作用悬臂端时，在悬臂端引起的翘曲应力较大，应给予重视。

（2）成桥阶段，仅考虑活载作用时，扭转翘曲应力与弯曲应力比值较大，顶板最大翘曲应力约为弯曲应力65%，底板最大翘曲应力约为弯曲应力117%，均出现在跨中截面；考虑自重+活载作用时，扭转翘曲应力占弯曲应力比例明显减小，但跨中截面扭转翘曲应力仍较大，顶板约为弯曲应力15%，底板约为弯曲应力54%。由此可知，扭转引起的翘曲应力应引起重视，尤其是跨中截面。

4.4 本章小结

本章主要开展了变截面波形钢腹板组合箱梁扭转与畸变理论研究，主要内容与结论如下：

（1）基于乌曼斯基扭转理论，推导了变截面波形钢腹板组合梁的约束扭转计算式，建立了约束扭转控制微分方程，并分别采用初参数法及差分法对变截面梁微分方程进行了求解。

（2）给出了变截面波形钢腹板组合箱梁畸变微分方程，并基于弹性地基梁比拟法利用Newmark数值法分别对畸变微分方程进行了求解。

（3）悬臂施工期，翘曲应力与偏心荷载的作用位置有关，离作用点的位置越近，扭转翘曲应力越大，扭转翘曲应力与弯曲应力比值由墩顶锚固段向悬臂端逐渐增大，最大悬臂阶段荷载作用悬臂端时，在悬臂端引起的翘曲应力较大，应给予重视；成桥阶段，考虑自重+活载作用时，跨中截面扭转翘曲应力较大，顶板约为弯曲应力15%，底板约为弯曲应力54%。由此可知，扭转引起的翘曲应力应引起重视，尤其是跨中截面。

第 5 章

波形钢腹板组合箱梁桥横隔板的合理设置及构造优化

5.1 概述

为考察波形钢腹板组合箱梁与混凝土箱梁抗扭性能的不同及两种腹板对箱梁抗扭性能的贡献,本节分别计算了相同尺寸组合箱梁、混凝土箱梁及无腹板箱梁模型在偏心荷载作用下的扭转受力情况,并进行对比分析。

本节混凝土箱梁模型同样采用 ANSYS 建立,单元、边界条件和材料参数与上节相同,只将模型中波形钢腹板替换为混凝土腹板,荷载加载方式也与上节相同。

以跨径 $L=80\mathrm{m}$、箱宽 $W=9\mathrm{m}$ 和梁高在 $3.5\sim6\mathrm{m}$ 范围变化的混凝土简支箱梁桥为模型,通过加载偏心荷载,得到不同梁高时混凝土箱梁结构的有限元分析结果,表 5-1 给出了不同梁高时在偏心荷载作用下混凝土箱梁结构跨中处扭转角和有效抗扭刚度的计算结果。由表 5-1 可知,当梁高增加时,混凝土箱梁扭转角随之明显减小,有效抗扭刚度显著增大。当梁高由 3.5m 增至 6m 时,箱梁有效抗扭刚度增大了一倍,说明梁高对混凝土箱梁抗扭性能的影响十分显著。

混凝土箱梁扭转角计算结果　　　　　表 5-1

梁高(m)	宽高比	偏心荷载 δ_E			扭转角 θ_f(rad)	有效抗扭刚度 k_i(kN·m^2)	α
		L(mm)	R(mm)	$(R-L)$(mm)			
3.5	2.57	-5.07	-4.22	0.85	5.28×10^{-5}	1.09×10^{10}	0.0%
4	2.25	-3.71	-3.03	0.68	4.24×10^{-5}	1.36×10^{10}	24.4%
4.5	2.00	-2.82	-2.25	0.56	3.53×10^{-5}	1.63×10^{10}	49.7%
5	1.80	-2.26	-1.75	0.51	3.16×10^{-5}	1.82×10^{10}	67.0%
5.5	1.64	-1.82	-1.35	0.47	2.92×10^{-5}	1.97×10^{10}	80.9%
6	1.50	-1.50	-1.08	0.42	2.64×10^{-5}	2.18×10^{10}	100.2%

图 5-1 给出了混凝土箱梁与相同尺寸波形钢腹板组合箱梁有效抗扭刚度的比值。由图 5-1 可以看出,箱梁高度由 3.5m 增至 6m 时,混凝土箱梁有效抗扭刚度达到了波形钢腹板组合箱梁的 18~30 倍,说明相同尺寸的波形钢腹板组合箱梁抗扭性能远小于混凝土箱梁。

图 5-2 给出了两种箱梁结构扭转角增大系数随梁高变化的对比情况。由图 5-2 可知,梁高变化对组合箱梁抗扭性能的影响明显小于对混凝土箱梁的影响,由此可推知,波形钢腹板对于组合箱梁抗扭性能的贡献远小于混凝土腹板的贡献。

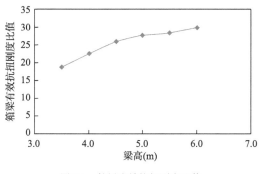
图 5-1　箱梁有效抗扭刚度比值

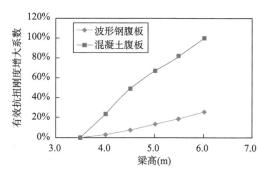
图 5-2　抗扭刚度增大系数对比

根据上述分析,波形钢腹板对于组合箱梁抗扭能力的贡献远小于混凝土腹板,故而波形钢腹板组合梁抗扭性能远小于相同尺寸的混凝土箱梁,且梁高对波形钢腹板抗扭性能的影响也相对较小。因此,在波形钢腹板组合箱梁中设置一定数量的横隔板来增强其抗扭性能是很有必要的。

波形钢腹板组合箱梁桥与传统混凝土梁桥相比较,其抗扭刚度及其横向抗弯刚度均有较大程度的减小。依据已建成组合波形钢腹板箱梁桥的统计数据,对于单箱单室截面,跨中至少应设置不少于 2 道中间横隔板,间距一般介于 10m 到 25m 之间。一般而言,单箱多室波形钢腹板箱梁桥较混凝土箱梁的畸变变形较大,设置一定数量的横向联系或横隔板可以有效抑制截面畸变变形,从而减小截面畸变翘曲应力和横向弯曲应力。此外,横隔板能够有效提高箱梁的抗扭刚度,有利于荷载的横向分布和截面应力均匀分布。波形钢腹板箱梁合理横隔板间距主要取决于畸变变形和畸变翘曲应力,而影响畸变正应力和畸变变形的因素主要有:波形钢腹板几何参数和箱梁外形尺寸变化。

对于横隔板设置的间距 L_D,各国规范和常规做法都不一样,一般依据经验。日本对横隔板的设置间距有比较明确的经验公式:

$$\begin{cases} L_D \leq 6(L \leq 50) \\ L_D \leq 0.14L \text{ 且} \leq 20(L > 50) \end{cases} \tag{5-1}$$

式中:L——桥梁的等效跨径(m)。

式(5-1)是根据横隔板间距与翘曲应力的近似关系得到的,对此公式确定的横隔板的间距,可以使箱梁在偏心的活荷载作用下的翘曲应力和容许应力的比值控制在 0.02~0.06 之间。

我国学者李宏江通过空间有限元分析验证了横隔板可以减小偏心加载作用下箱梁的翘曲正应力,取$(\sigma_E - \sigma_s)/\sigma_M = 10\%$时的横隔板间距为临界值,即当横隔板间距小于此值时,保证梁段截面的翘曲应力不会超过对称荷载作用下的弯曲正应力的10%。并针对不同高跨比条件下横隔板间距进行计算分析,回归了对应横隔板设置间距的经验公式。给出确定的矩形断面等截面波形钢腹板组合箱梁的横隔板最大间距的经验公式如下:

$$\frac{S_{max}}{L} = 0.98423 - 21.01853\left(\frac{h}{L}\right) + 204.89232\left(\frac{h}{L}\right)^2 - 705.20171\left(\frac{h}{L}\right)^3 \quad (5-2)$$

式中:S_{max}——波形钢腹板组合箱梁横隔板最大间距;
h——梁高;
L——跨径。

以上经验公式基于简支梁为基础进行分析推导而得,通过有限元计算以及分析推导,上述经验公式同样也适用于悬臂梁或连续梁。

5.2 横隔板数量对截面扭转与畸变性能的影响

5.2.1 对截面有效抗扭刚度的影响

以鄱阳湖饶州特大桥为背景建立有限元模型,分析横隔板数量对截面扭转与畸变性能的影响。

表5-2给出了在偏心荷载作用下计算得到的跨大堤桥梁跨中截面扭转角及有效抗扭刚度。设无横隔板时箱梁有效抗扭刚度为$\tilde{k}_0$,设置横隔板时其有效抗扭刚度为$\tilde{k}_i(i=1\sim n)$,定义有效抗扭刚度增大系数$\alpha = \tilde{k}_i/\tilde{k}_0 - 1$。图5-3为有效抗扭刚度随横隔板间距增大时的变化曲线。

横隔板数量变化时组合箱梁有效抗扭刚度 表5-2

横隔板间距(m)	横隔板数目	偏心荷载δ_E			扭转角θ_f	有效抗扭刚度$\tilde{k}_i(kN \cdot m^2)$	α
		L(mm)	R(mm)	$(R-L)$(mm)			
135	0	-44.23	-26.05	18.18	1.14×10^{-3}	2.16×10^9	0.00%
45	2	-42.98	-27.02	15.96	9.97×10^{-4}	2.47×10^9	13.94%
28.8	4	-42.17	-27.62	14.55	9.10×10^{-4}	2.71×10^9	24.95%
19.2	6	-39.62	-28.03	11.58	7.24×10^{-4}	3.40×10^9	56.97%
14.4	8	-39.59	-28.88	10.71	6.69×10^{-4}	3.68×10^9	69.84%
9.6	12	-39.57	-29.70	9.86	6.17×10^{-4}	3.99×10^9	84.33%
4.8	28	-38.62	-30.13	8.50	5.31×10^{-4}	4.63×10^9	114.03%

注:R表示波形钢腹板组合箱梁最右侧的竖向位移,L表示最左侧的竖向位移。$R-L$表示箱梁左右两端的位移差。

由表 5-2 和图 5-3 可以看出,随着横隔板间距的减小,组合箱梁扭转角明显减小,有效抗扭刚度明显增大。与未设置横隔板相比,当横隔板数量很少,间距很大时,有效抗扭刚度的增大程度并不明显,当设置 4 块横隔板时,有效抗扭刚度仅增大了约 25%;但随着横隔板数量继续增多,间距减小,有效抗扭刚度增大程度亦变得更加明显,当设置 28 块横隔板时,有效抗扭刚度增大了约 114%。可见,设置横隔板对提高变截面波形钢腹板连续组合箱梁桥的有效抗扭刚度十分有效。

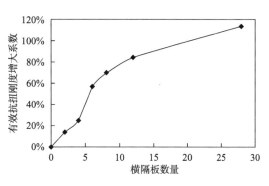

图 5-3 有效抗扭刚度增大系数随横隔板间距的变化

5.2.2 对截面畸变变形的影响

表 5-3 给出了横隔板数目从 0 增加到 28 的过程中在对称弯曲荷载、偏心荷载、畸变荷载三种工况下组合箱梁的竖向最大位移。定义畸变竖向变形系数为畸变产生的竖向位移与弯曲位移的比值,即表中的 δ_D/δ_M。图 5-4 给出了畸变竖向变形系数随横隔板数量增加的变化情况。

横隔板数目变化时最大竖向位移(mm)   表 5-3

横隔板间距	横隔板数目	对称荷载			畸变荷载 δ_D	偏心荷载 δ_E	δ_D/δ_M	$(\delta_E - \delta_{M1})/\delta_M$
		活载 δ_{M1}	恒载 δ_{M2}	$\delta_M = \delta_{M1} + \delta_{M2}$				
135	0	−33.25	−73.72	−106.97	−7.71	−42.66	0.072	0.088
45	2	−35.60	−76.87	−112.47	−5.33	−41.53	0.047	0.053
28.8	4	−35.75	−78.55	−114.30	−4.70	−41.05	0.041	0.046
19.2	6	−35.81	−79.37	−115.17	−3.68	−40.49	0.032	0.041
14.4	8	−35.81	−79.91	−115.75	−3.43	−40.28	0.030	0.038
9.6	12	−35.85	−80.73	−116.58	−3.29	−40.24	0.029	0.038
4.8	28	−35.98	−82.07	−118.05	−3.08	−39.76	0.026	0.032

由表 5-3 和图 5-4 可知,随着横隔板数目的增多,畸变竖向变形系数 δ_D/δ_M 呈减小趋势,横隔板数目由 0 增至 8 时,畸变竖向变形系数减小幅度较大,对畸变变形的抑制作用较为明显;但当横隔板数目由 8 增加到 28 时,畸变竖向变形系数减小幅度变得很小,表明横隔板可以有效地减小由于畸变而引起的变形,但当横隔板间距达到一定密度时,增加横隔板对畸变变形的抑制作用趋于不变。从畸变竖向变形系数的变化规律来看,设置 8 块横隔板时对畸变变形的抑制效率最高,可考虑设置 8 块横隔板。

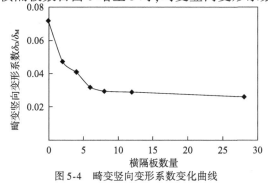

图 5-4 畸变竖向变形系数变化曲线

5.2.3 对变截面箱梁畸变翘曲正应力的影响

表5-4给出了横隔板数目从0增加到28的过程中在对称弯曲荷载、偏心荷载、畸变荷载三种工况下跨中截面的最大纵向应力。定义畸变翘曲正应力系数为畸变翘曲正应力与弯曲应力的比值,即σ_D/σ_M。图5-5给出了畸变翘曲正应力系数随横隔板数量增加的变化情况。

横隔板数目变化时最大纵向正应力(MPa) 表5-4

横隔板间距	横隔板数目	对称荷载			畸变荷载 σ_D	偏心荷载 σ_E	σ_D/σ_M	$(\sigma_E-\sigma_{M1})/\sigma_M$
		活载 σ_{M1}	恒载 σ_{M2}	$\sigma_M=\sigma_{M1}+\sigma_{M2}$				
135	0	7.28	10.95	18.23	2.357	10.04	0.129	0.151
45	2	6.48	12.02	18.49	1.975	9.15	0.107	0.145
28.8	4	6.17	12.45	18.62	1.630	8.60	0.088	0.130
19.2	6	5.93	13.27	19.20	1.027	7.96	0.053	0.106
14.4	8	5.84	13.71	19.54	0.955	7.54	0.049	0.087
9.6	12	5.71	14.35	20.06	0.823	6.93	0.041	0.061
4.8	28	5.53	17.50	23.04	0.740	6.73	0.032	0.052

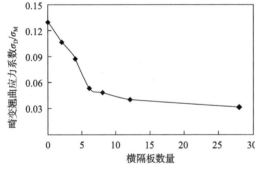

图5-5 畸变翘曲纵向正应力变形系数变化曲线

由表5-4和图5-5可知,随着横隔板数目的增多,畸变纵向正应力变形系数σ_D/σ_M明显减小,横隔板数目由0增至6时,其畸变纵向正应力变形系数减小幅度较大,对畸变应力的抑制作用最为明显;但当横隔板数目由6增加到28时,减小幅度变得很小,表明横隔板可以有效地减小由于畸变而引起的翘曲纵向正应力,但当横隔板间距达到一定密度时,增加横隔板对畸变应力的抑制作用趋于不变。由表5-4可知,当横隔板数量增加至8块时,由于扭转产生的翘曲应力占弯曲应力的比例小于10%,故从纵向正应力的变化角度来看,设置8道横隔板可满足要求。

鄱阳湖饶州特大桥在成桥阶段中跨设置8道横隔板时,对翘曲变形的抑制作用效率较高,同时对翘曲应力的抑制作用满足要求。结合前面的结论,即"在大桥最大悬臂施工状态下,在中跨悬臂段设置3道横隔板时(与成桥阶段设置6道相对应)对翘曲变形和翘曲应力的抑制作用满足要求",可知,为同时满足施工和成桥阶段对结构扭转效应的抑制要求,又不过多增加结构自重,在鄱阳湖饶州特大桥中跨设置8块横隔板是较优的方案。

可见,在大跨径变截面波形钢腹板组合连续梁桥中设置横隔板后,在对称荷载和偏心荷载作用下结构受力状况得到了明显的改善,同时,结构的扭转性能也得到了明显提升。当增加一定数量的横隔板时,受力状况和扭转性能的改善最为显著,横隔板对畸变的抑制效率最高,而后随着横隔板数量的增加,抑制效果变小并逐渐趋于不变。因此如果在适当增加自重的前提下,合理地设置横隔板,可以同时将畸变变形和畸变翘曲正应力控制在10%以内,从而在箱梁的设计中忽略畸变效应对结构的影响,可达到简化设计计算的目的。

5.3 横隔板厚度对波形钢腹板箱梁扭转与畸变性能的影响

模型尺寸与5.2.1节中相同,加载方式为全桥均布加载,且根据上述横隔板数量分析可知,跨中布置8道横隔板较为合理,故本节中以跨中布置8道横隔板为例,即每14.4m布设一道横隔板,横隔板厚度分别取0.1m、0.2m、0.3m、0.4m、0.5m、0.6m进行参数分析。

5.3.1 对截面有效抗扭刚度的影响

表5-5给出了在偏心集中荷载作用下计算得到的组合箱梁各关键截面偏转量及有效抗扭刚度增大系数。设无横隔板时箱梁有效抗扭刚度为$\tilde{k}_0$,设置横隔板时其有效抗扭刚度为$\tilde{k}_i$($i=1\sim n$),定义有效抗扭刚度增大系数$\alpha = \tilde{k}_i/\tilde{k}_0 - 1$。图5-6为有效抗扭刚度增大系数随横隔板厚度增大时的变化曲线。

横隔板数量变化时组合箱梁有效抗扭刚度　　表5-5

横隔厚度(m)	偏转量(mm)			抗扭刚度增大系数α		
	1/4L	1/2L	3/4L	1/4L	1/2L	3/4L
0.1	0.78	0.53	0.25	0.00%	0.00%	0.00%
0.2	0.85	0.59	0.27	-8.27%	-11.20%	-6.67%
0.3	0.84	0.58	0.26	-7.87%	-8.66%	-1.84%
0.4	0.66	0.46	0.21	18.60%	15.54%	20.77%
0.5	0.71	0.52	0.24	8.81%	2.24%	5.34%
0.6	0.70	0.49	0.22	11.02%	8.47%	12.66%

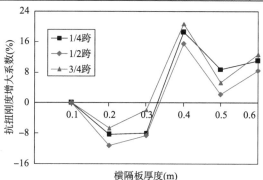

图5-6　抗扭刚度增大系数随横隔板厚度的变化

由表5-5和图5-6可以看出,均布荷载作用下,横隔板厚度为40cm时,截面抗扭效果最好。

5.3.2 对箱梁截面畸变变形的影响

图 5-7 给出了偏心荷载作用下，不同横隔板厚度波形钢腹板箱梁竖向偏转量沿桥跨方向分布图，图 5-8 为关键截面竖向偏转量随横隔板厚度变化曲线。由图中可以看出，横隔板厚度对变截面波形钢腹板悬臂梁抗扭刚度影响较小，横隔板厚度为 40cm 时，截面偏转量最小，抗扭效果最优。

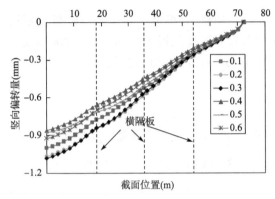

图 5-7 不同横隔板厚度竖向偏转量分布图　　图 5-8 不同横隔板厚度竖向偏转量分布图

5.3.3 对箱梁截面畸变翘曲正应力的影响

图 5-9 给出了底板角点畸变翘曲正应力沿纵桥向的变化情况，图 5-10 给出了不同横隔板厚度关键截面底板角点翘曲应力变化曲线。由图可知，横隔板厚度对变截面波形钢腹板悬臂梁畸变翘曲正应力影响较小，横隔板厚度为 40cm 时，截面偏转量最小，抗扭效果最优。

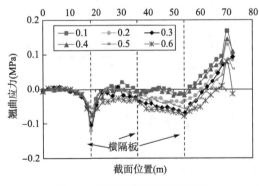 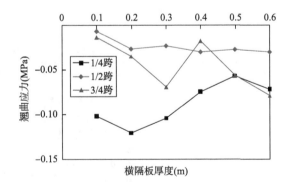

图 5-9 畸变翘曲纵向正应力变形　　图 5-10 不同横隔板厚度底板纵向翘曲
　　　　系数变化曲线　　　　　　　　　　　　正应力分布图

综合考虑横隔板厚度对变截面悬臂箱梁有效抗扭刚度和畸变变形、畸变应力的影响，对于本节采用的分析模型，横隔板在方便施工的基础上，尽量取小一点，可以减轻自重，同时达到较好的抗扭效果。

5.4 不同材料的横隔板对波形钢腹板组合箱梁抗扭性能的影响

5.4.1 等厚度不同材料的横隔板对箱梁抗扭性能的影响

根据 5.3 节所述建立波形钢腹板组合箱梁桥有限元模型,其他横截面尺寸不变,跨度不变,波形形状和腹板厚度也不变。首先横隔板厚度建成 10mm,用不同的横隔板的材料属性分别来模拟 C50 混凝土和 Q345 钢材,来分析厚度相同材料不同的横隔板对波形钢腹板箱梁的抗扭性能的影响。仅在反对称荷载作用下箱梁偏转情况和翘曲应力变化(未考虑自重)如图 5-11 和图 5-12 所示,当横隔板采用 C50 混凝土时,偏转量最大值是 0.485mm,当横隔板采用 Q345 钢时,偏转量最大值是 0.428mm,是混凝土横隔板相应值的 88.2%,可得采用 Q345 钢板做等厚度的横隔板可以一定程度上提高波形钢腹板箱梁的抗扭性能。经分析钢板做横隔板提高抗扭性能原因有二:一是钢板自身材料属性与混凝土不同,钢板的弹性模量和泊松比都比混凝土的要大;二是钢板可以用剪力键等镶嵌在顶、底板的混凝土里,而且钢板和波形钢腹板可以很好地连接在一起。

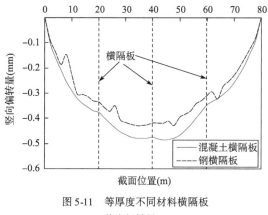

图 5-11 等厚度不同材料横隔板偏底板转量

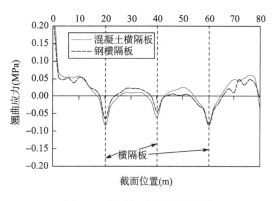

图 5-12 等厚度不同材料横隔板底板翘曲应力

5.4.2 等重量不同材料的横隔板对箱梁抗扭性能的影响

在有限元模型里通过修改横隔板厚度来实现钢板和混凝土横隔板重量相等。考虑到波形板的存在,两种材料的横隔板的厚度比不是材料的密度之比。有限元波形钢腹板箱梁模型尺寸保持不变,只改变 C50 混凝土横隔板厚度为 10mm,Q345 钢板厚度为 3.3mm,两种横隔板材料不同的箱梁仅在自重作用下的支座反力比为 99.9%,可认为厚度为 3.3mmQ345 钢板与厚度为 10mmC50 混凝土横隔板自重相同。仅在反对称荷载作用下横隔板等重量不同材料的箱梁偏转情况和翘曲应力变化(未考虑自重)如图 5-13 和图 5-14 所示。

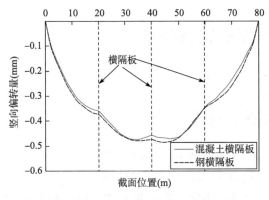
图 5-13 等重量不同材料横隔板底板偏转量

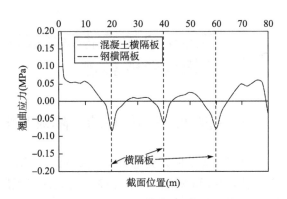
图 5-14 等重量不同材料横隔板底板翘曲应力

从图 5-13 可知等重量的钢板代替混凝土横隔板后相同荷载下箱梁的偏转量几乎相同,说明对波形钢腹板箱梁的抗扭性能的影响差不多。但是钢板的厚度几乎是混凝土板的 1/3,说明只要用混凝土横隔板 1/3 厚的钢板就可以产生相同作用了。虽然在自重上没有优势但在施工上减少很多工序,而且钢板可以在厂家预制,尺寸更加精确,施工期大大减少且不必等待混凝土横隔板强度达到设计强度后进行下一工序。钢板在工厂预制时可以直接加工好,过人洞、体外预应力筋的转向块、其他线路或管道的开洞和顶、底板混凝土连接的剪力键,方便钢板安装时与顶、底的连接。

5.5 鄱阳湖饶州特大桥横隔板合理间距分析

鄱阳湖饶州特大桥主航道桥为 3 跨变截面波形钢腹板组合连续箱梁桥,跨径布置为(83 + 152 + 83)m。变截面箱梁底板按 1.8 次抛物线变化,中支点梁高为 9.2m,跨中梁高为 4.2m,箱梁顶板和底板宽度分别为 11.9m 和 6.9m,如图 5-15 所示。波形钢腹板采用 1600 型,从中支点至跨中厚度为 30~14mm,波形钢腹板与顶底板混凝土分别采用双开孔钢板连接件和角钢连接件进行连接。0~4 号节段波形钢腹板内衬设置有内衬混凝土,内衬混凝土与钢腹板采用焊钉连接。中跨设置 8 道横隔板,边跨设置 4 道横隔板。上部结构采用挂篮对称悬臂现浇施工,单个"T"构共划分 16 个节段,单个挂篮重量为 100t,如图 5-16 所示。混凝土采用 C60,弹性模量为 3.55×10^4 MPa,波形钢腹板采用 Q345qC,弹性模量为 2.06×10^5 MPa,预应力钢束采用 $\phi15.2$mm 高强度低松弛钢绞线,弹性模量为 1.95×10^5 MPa。

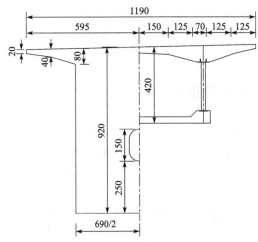
图 5-15 标准断面图(尺寸单位:cm)

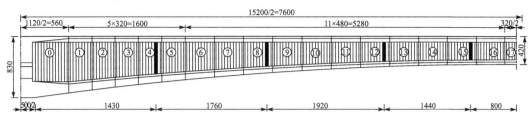

图 5-16 节段划分示意图(尺寸单位:cm)

5.5.1 有限元模型建立

为了研究大跨径变截面波形钢腹板组合箱梁桥悬臂施工期扭转效应,并与传统预应力混凝土箱梁桥进行对比,本文采用 midasFEANX 建立分别建立波形钢腹板组合箱梁和混凝土箱梁最大悬臂节段的双悬臂实体有限元模型进行分析,如图 5-17 所示。混凝土顶底板、横隔板等采用 3D 实体单元,波形钢腹板采用 2D 壳单元,预应力钢绞线采用 1D 线,不考虑波形钢腹板与混凝土顶底板之间的滑移,因此模型中波形钢腹板与混凝土顶底板采用共节点处理,材料特性均按实桥选取。

模型边界条件模拟实桥悬臂施工约束情况,在双悬臂梁墩底约束支座位置所有节点自由度。加载工况除了考虑结构自重、预应力钢束作用外,外荷载考虑在悬臂端施加对称荷载和偏心荷载两种工况,偏心荷载大小按单个挂篮重量取值 $P=100t$,如图 5-18 所示。

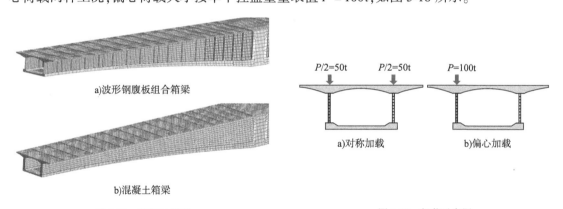

图 5-17 有限元模型   图 5-18 加载示意图

5.5.2 波形钢腹板组合箱梁与混凝土箱梁扭转效应对比分析

(1)偏载挠度增大系数

将偏载作用下梁体加载侧挠度与对称荷载作用下梁体挠度的比值定义为梁体挠度增大系数,如图 5-19 所示。图 5-20 中给出了同等悬臂长度及相同偏载作用下波形钢腹板组合箱梁与传统混凝土箱梁的挠度增大系数沿顺桥向的分布规律,从图 5-20 中可以看出,除去墩顶附近 20m 范围内挠度值较小导致该区间挠度增大系数较大以外,传统预应力混凝土箱梁悬臂梁在悬臂端 100t 偏载作用下挠度增大系数基本为 1.02,由于混凝土箱梁扭转刚度较大,偏载引起的挠度增量为 2%。而波形钢腹板组合箱梁挠度增量由支点往悬臂端呈逐渐增大趋势,悬臂端偏载作用下最大挠度增量为7%左右，这是由于波形钢腹板组合箱梁抗扭刚度较小，导致其截面扭转刚度明显小于混凝土箱梁。

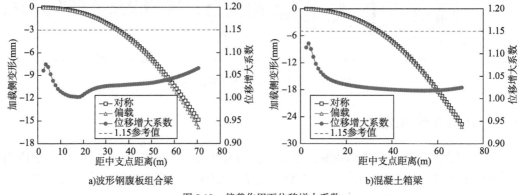

图 5-19 偏载作用下位移增大系数

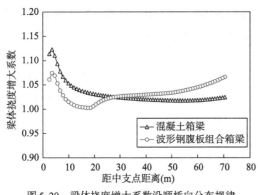

图 5-20 梁体挠度增大系数沿顺桥向分布规律

（2）偏载正应力增大系数

将偏载作用下加载侧顶底板最大正应力与对称荷载作用下最大正应力比值定义为偏载正应力增大系数。图 5-21 中给出了传统混凝土箱梁和波形钢腹板组合箱梁顶底板偏载正应力增大系数沿顺桥向的分布规律，从图中可以看出，悬臂施工阶段两者正应力沿顺桥向变化规律相似，靠近支点 $L/2$ 区间顶底板偏载应力增大系数均为1.0，说明悬臂端偏载作用基本不会引起顶底板的应力增加。从悬臂跨中至悬臂端 $L/2$ 区间，顶底板偏载正应力增大系数逐渐增大，且波形钢腹板组合箱梁顶、底板偏载正应力增大系数明显大于传统混凝土箱梁。此外，从图中还可以看出，最大悬臂阶段波形钢腹板组合箱梁顶底板偏载正应力增大系数分别2.07 和为2.67，明显大于既有文献给出的经验值1.15。因此，出于安全考虑，对于波形钢腹板悬臂梁而言，在悬臂施工过程中，最大悬臂端偏载应力增大系数不宜低于2.0。

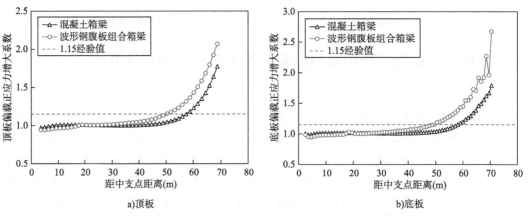

图 5-21 混凝土顶底板正应力增大系数沿顺桥向分布规律（无横隔板）

(3)偏载剪应力增大系数

同样,将偏载作用下加载侧腹板最大剪应力与对称荷载作用下最大剪应力比值定义为偏载剪应力增大系数。图5-22 中给出了传统混凝土箱梁和波形钢腹板组合箱梁腹板偏载剪应力增大系数沿顺桥向的分布规律,从图中可以看出,波形钢腹板组合箱梁偏载剪应力增大系数明显高于传统混凝土箱梁。传统混凝土箱梁偏载剪应力沿顺基本保持在 1.4 左右不变,而波形钢腹板组合箱梁偏载剪应力系数从内衬混凝土结束节段至悬臂节段逐渐降低,且

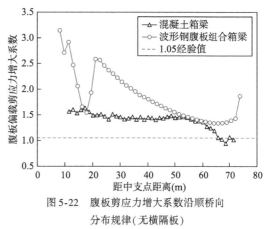

图 5-22 腹板剪应力增大系数沿顺桥向分布规律(无横隔板)

波形钢腹板悬臂梁偏载剪应力增大系数也大于经验值 1.05。因此,出于安全考虑,对于悬臂施工阶段,波形钢腹板偏载剪应力增大系数不宜低于 1.5。

5.5.3 横隔板对波形钢腹板组合箱梁扭转与畸变效应的影响

(1)横隔板对截面有效抗扭刚度的影响

悬臂梁在发生自由扭转时,扭矩 M 与扭率 θ' 存在如下关系:

$$M = G_c J_t \theta' = k\theta' \tag{5-3}$$

式中:J_t——扭转常数;

G_c——组合梁等效剪切弹性模量;

$k = G_c J_t$——波形钢腹板组合箱梁的扭转刚度。

对于悬臂长度为 L 的悬臂梁而言,梁体扭率 $\theta' = \theta_f/L$,其中 θ_f 为自由扭转角,则由式(5-3)可得:

$$M = k\theta_f/L \tag{5-4}$$

则扭转刚度 k 为:

$$k = ML/\theta_f \tag{5-5}$$

但在实际工程中,波形钢腹板组合悬臂梁一般会发生约束扭转,且其截面沿顺桥向是变化的,因此假设梁体发生约束扭转时截面有效抗扭刚度为 $\tilde{k}$,其与梁体扭矩和扭转角也存在如下关系:

$$\tilde{k} = ML/\theta_f \tag{5-6}$$

为研究横隔板间距对波形钢腹板组合悬臂梁有效抗扭刚度的影响,以鄱阳湖饶州特大桥为例,分析偏载 $P=100t$ 作用下,横隔板数量从 0~6 时截面有效抗扭刚度的变化规律。在悬臂端施加 100t 偏载时,反对称荷载产生的截面扭矩 $M = 1000\ \text{kN} \times 3.1\text{m} = 3100\text{kN} \cdot \text{m}$,根据式(5-6)可计算出截面的有效抗扭刚度 $\tilde{k}$,无横隔板的有效抗扭刚度为 $\tilde{k}_0$,设置横隔板的有效刚度为 $\tilde{k}_i$,定义 $\alpha = \tilde{k}_i/\tilde{k}_0 - 1$ 为截面有效抗扭刚度增大系数,横隔板间距 $S = L/(n+1)$,其

中 n 为横隔板数量,计算结果见表5-6,图5-23中给出了有效抗扭刚度增大系数 α 随横隔板间距 S 的变化曲线。从表5-6和图5-23中可以看出,当横隔板间距大于25m时,截面有效抗扭刚度变化不大;当横隔板间距小于25m(即横隔板数量大于2)时,截面有效抗扭刚度增大系数随着横隔板间距的减小而增加;当横隔板间距为15m左右时,有效抗扭刚度增大系数增加比例最大,而后随着横隔板间距减小,有效抗扭刚度增大系数增幅逐渐减小。因此,综合考虑受力和经济性,建议横隔板间距取值为15m左右最为适宜。

横隔板间距对截面有效抗扭刚度的影响　　　　表5-6

横隔板数目	横隔板间距 $S(m)$	偏心荷载挠度(mm)			扭转角 θ_f(弧度)	有效抗扭刚度 $\hat{k}_i$ $(kN \cdot m^2)$	α
		加载侧挠度 δ_1	非加载侧挠度 δ_2	$\delta_1 - \delta_2$			
0	75.0	30.81	26.24	4.58	2.72×10^{-4}	8.54×10^8	0.00
1	37.5	30.81	26.24	4.57	2.72×10^{-4}	8.55×10^8	0.00
2	25.0	30.77	26.26	4.51	2.69×10^{-4}	8.65×10^8	0.01
3	18.8	30.57	26.39	4.17	2.48×10^{-4}	9.36×10^8	0.10
4	15.0	30.10	26.44	3.66	2.18×10^{-4}	1.07×10^9	0.25
5	12.5	29.80	26.46	3.35	1.99×10^{-4}	1.17×10^9	0.37
6	10.7	29.78	26.60	3.18	1.90×10^{-4}	1.23×10^9	0.44

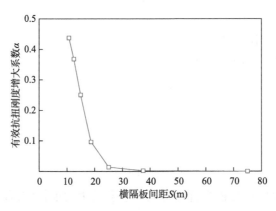

图5-23　横隔板间距对有效抗扭刚度增大系数的影响

(2)横隔板对截面畸变性能的影响

将偏载作用下畸变荷载分力作用产生的竖向位移 δ_D 与弯曲荷载竖向位移 δ_M 比值 δ_D/δ_M 定义为畸变竖向位移增大系数 η_D,偏载作用下畸变荷载分力作用产生的翘曲正应力 σ_D 与弯曲荷载产生的弯曲正应力 σ_M 比值 σ_D/σ_M 定义为畸变翘曲正应力增大系数 ζ_D。

图5-24和图5-25给出了偏心荷载作用下,横隔板数量与畸变竖向位移增大系数、畸变翘曲正应力增大系数的关系。在实际工程中,畸变与约束扭转综合产生的翘曲正应力与弯曲产生的正应力(考虑恒载)的比值控制在10%以内才可以接受。从图中可以看出,截面畸变竖向位移增大系数 η_D 及畸变翘曲正应力增大系数 ζ_D 均随横隔板数量增加而减小,即横隔板数量

可有效抑制截面的畸变效应。当横隔板数量大于等于4,即横隔板间距大于15m时,截面畸变竖向位移增大系数小于4%,且截面畸变翘曲正应力与弯曲应力比值低于10%。

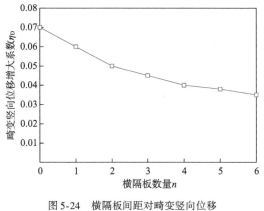

图5-24 横隔板间距对畸变竖向位移增大系数的影响

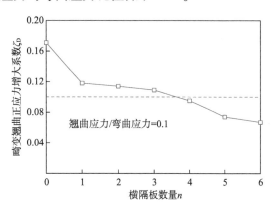

图5-25 横隔板数量对畸变翘曲正应力增大系数的影响

现有文献中波形钢腹板组合箱梁横隔板合理间距大多针对等截面简支梁推导,对于矩形截面波形钢腹板组合箱梁横隔板最大间距经验公式如下:

$$\frac{S_{\max}}{L} = 0.98423 - 21.01853\left(\frac{h}{L}\right) + 204.89232\left(\frac{h}{L}\right)^2 - 705.20171\left(\frac{h}{L}\right)^3 \quad (5-7)$$

从式(5-5)中可以看出,横隔板最大间距与主梁高跨比有关,而对于变截面悬臂梁而言,截面高跨比沿顺桥向是变化的,既有经验公式不适用。通过上述变截面波形钢腹板悬臂梁横隔板参数敏感性分析结果可知,综合考虑截面有效抗扭刚度、畸变效应及经济性影响,对于变截面波形钢腹板组合箱梁横隔板间距宜取15m左右,实际工程中横隔板具体间距可根据节段划分模数和悬臂长度以15m为参考值稍作调整即可。

5.6 本章小结

本章对比分析了偏载作用下悬臂施工期波形钢腹板组合箱梁和传统混凝土箱梁的扭转效应,并研究了横隔板对变截面波形钢腹板悬臂梁扭转与畸变效应的影响,得出主要结论如下:

(1)由于波形钢腹板横向刚度较弱,偏载作用下变截面波形钢腹板组合悬臂梁扭转与畸变效应明显大于传统混凝土箱梁,现有混凝土箱梁的偏载增大系数经验值不适用。

(2)既有横隔板最大间距经验公式适用于等高简支组合箱梁结构,对于悬臂结构使用该公式确定的横隔板最大间距偏于不安全,且变截面连续组合箱梁最大悬臂状态和成桥状态满足受力要求的横隔板间距和数量可能有所不同,设计中应分别针对悬臂施工状态和成桥状态的抗扭性能进行分析,综合考虑横隔板在两种结构状态下的作用,选择合理的布置方式和数量,从而达到较少增加自重,同时将结构扭转、畸变效应控制在较低水平,简化设计计算的目的。

(3)综合考虑横隔板厚度对简支组合箱梁有效抗扭刚度和畸变变形、畸变应力的影响,横隔板在方便施工的基础上,尽量取小一点,可以减轻自重,同时达到较好的抗扭效果;等厚度的钢板来代替混凝土板可以提高波形钢腹板箱梁的抗扭性能;钢板来做横隔板可以大大减少横隔板现浇的工期和预应力筋转向块、过人洞等复杂工序。

(4)变截面波形钢腹板组合悬臂梁偏载挠度增大系数不宜小于1.07,顶底板混凝土偏载正应力增大系数不宜小于2.0,腹板偏载剪应力增大系数不宜小于1.5;对于变截面波形钢腹板组合箱梁而言,横隔板合理间距宜取15m左右,具体可根据节段划分模数和悬臂长度以15m为参考值稍作调整。

参 考 文 献

[1] 徐强,万水. 波形钢腹板 PC 组合箱梁桥设计与应用[M]. 北京:人民交通出版社,2009.

[2] Libby J R. Modern prestressed concrete:design principles and construction methods[M]. Berlin:Springer Science & Business Media,2012.

[3] Bedynek A,Real E,Mirambell E. Tapered plate girders under shear:Tests and numerical research[J]. Engineering Structures,2013,46:350-358.

[4] Leiva-Aravena L. Buckling of trapezoidally corrugated webs[C]// Proceedings of the ECCS Colloquium on Stability of Plates and Shells, Ghent University,Belgium,1987.

[5] Elgaaly M,Hamilton R W. Shear strength of beams with corrugated webs[J]. Journal of Structural Engineering,ASCE. 1996,122(4):390-398.

[6] Elgaaly M,Seshadria. Depicting the behavior of girders with corrugated webs up to failure using non-linear finite element analysis [J]. Advances in Engineering Software,1998,29(3):195-208.

[7] Lindner J. Lateral torsional buckling of beams with trapezoidally corrugated webs[C]// Proceedings of the 4th International Colloquium on Stability of Steel Structures,Budapest,Hungary,1990.

[8] Luo R,Edlund B. Ultimate strength of girders with trapezoidally corrugated webs under patch loading[J]. Thin-Walled Structures,1996,24(2):135-156.

[9] Johnson R P. Local flange buckling in plate girders with corrugated webs[J]. Proceedings of the Institution of Civil Engineers(Structures and Buildings),1997,122(2):148-156.

[10] Sayed-Ahmed E Y. Lateral torsion-flexure buckling of corrugated web steel girders[J]. Proceedings of the Institution of Civil Engineers (Structures and Buildings),2005,158(1):53-69.

[11] Sayed-Ahmed E Y. Behaviour of steel and (or) composite girders with corrugated steel webs [J]. Canadian Journal of Civil Engineering,2001,28(4):656-672.

[12] Abbas H H,Sause R,Driver R G. Behavior of corrugated web I-girders under in-plane loads [J]. Journal of Engineering Mechanics,2006,132(8):806-814.

[13] Driver R G,Abbas H H,Sause R. Shear behavior of corrugated web bridge girders[J]. Journal of Structural Engineering,2006,132(2):195-203.

[14] Mo Y L,Fan Y L. Torsional design of hybrid concrete box girders[J]. Journal of Bridge Engineering,2006,11(3):329-339.

[15] Yi J,Gil H,Youm K. Interactive shear buckling behavior of trapezoidally corrugated steel webs [J]. Engineering Structures,2008,30(6):1659-1666.

[16] Moon J,Yi J,Choi B H. Shear strength and design of trapezoidally corrugated steel webs[J]. Journal of Constructional Steel Research,2009,65(5):1198-1205.

[17] 張建東,小林寛,松本正之,等. 波形鋼板ウェブPC橋—波形鋼板の隅肉溶接継手性状[C]//第10回プレストレスコンクリートの発展に関するシンポジウム論文集,2000:7-10.

[18] 宮内秀敏,安川義行,中菌明広,等. 第二名神高速道路栗東橋の計画と設計[J]. 波形鋼板ウェブPCエクストラドーズド橋,橋梁と基礎,2003,3(12):1-9.

[19] 竹下明,依田照彦,佐藤幸一. 波形鋼板ウェイを有するI形断面合成桁の疲性状にする[C]//土木学会第52回年次学術講演会論文集,1997:122-123.

[20] 高松大輔,山田健太郎. 波形鋼板ウェイの現場突合せ継手の疲労強度[C]//土木学会論文集,2003:115-126.

[21] Kadotani T, Aoki K, Ashizuka K, Mori T, Tomimoto M, Kano M. Shear buckling behavior of prestressed concrete girders with corrugated steel webs[C]//Proc.,1st fib Congress,Session 5:Composite Structures,Osaka,Japan,2002:269-276.

[22] Hassanein M F, Kharoob O F. Shear buckling behavior of tapered bridge girders with steel corrugated webs[J]. Engineering Structures,2014,74:157-169.

[23] 李时,郭彦林. 波折腹板梁抗剪性能研究[J]. 建筑结构学报,2001,22(6):49-54.

[24] 王福敏,周长晓,张长青. 波形钢腹板箱梁承载能力试验研究[J]. 公路交通技术,2001,2:20-24.

[25] 万水,汤意,王劲松. 波形钢腹板PC组合箱梁结构特点分析与试验研究[J]. 南京理工大学学报(自然科学版),2004,28(5):498-501.

[26] 李宏江,叶见曙,万水. 波形钢腹板箱梁横隔板间距的研究[J]. 公路交通科技,2004,21(10):51-54.

[27] 马磊,万水,蒋正文. 单箱双室波形钢腹板箱梁扭转与畸变性能研究[J]. 中国公路学报,2016,29(10):77-85.

[28] 宋建永,张树仁,吕建鸣. 波纹钢腹板剪切屈曲分析中初始缺陷的模拟和影响程度分析[J]. 公路交通科技,2004,5(5):61-64.

[29] 刘玉擎. 波形腹板组合箱梁桥结构体系分析[J]. 桥梁建设,2005(1):1-4.

[30] 贺君,刘玉擎,陈艾荣. 折腹式组合箱梁桥设计要点及结构分析[J]. 桥梁建设,2008(2):52-55.

[31] 王达磊,贺君,陈艾荣,等. 内衬混凝土波折钢腹板梁抗弯性能试验研究[J]. 同济大学学报(自然科学版),2012,40(9):1312-1317.

[32] 贺君,刘玉擎,陈艾荣,等. 折腹式组合梁桥考虑剪切变形的挠度计算[J]. 同济大学学报(自然科学版),2009,37(4):440-444.

[33] 周绪红,孔祥福,侯健,等. 波纹钢腹板组合箱梁的抗剪受力性能[J]. 中国公路学报,2007,20(2):77-82.

[34] 狄谨,周绪红,孔祥福,等. 波形钢腹板预应力混凝土组合箱梁试验[J]. 长安大学学报(自然科学版),2009,29(5):64-70.

[35] 刘保东,冯文章,任红伟. 波纹钢腹板连续刚构桥扭转与畸变的试验研究[J]. 中国铁道

科学,2015,36(4):40-46.

[36] 刘保东,骨睿,李祖硕,等.内衬混凝土对波形钢腹板刚构桥扭转和畸变性能的影响[J]. 中国铁道科学,2017,38(3):31-39.

[37] 李立峰,刘志才,王芳.波形钢腹板PC组合箱梁抗弯承载力的理论与试验研究[J].工程力学,2009,26(7):89-96.

[38] 李立峰,侯立超,孙君翠.波形钢腹板抗剪性能的研究[J].湖南大学学报(自然科学版), 2015,42(11):56-63.

[39] 单成林.偏载作用下组合箱梁桥波形钢腹板的屈曲[J].华南理工大学学报(自然科学版),2009,37(3):109-113.

[40] 冀伟,蔺鹏臻,刘世忠.波形钢腹板箱梁剪力滞效应的变分法求解[J].兰州交通大学学报,2010,29(6):16-19.

[41] 冀伟,刘世忠,蔺鹏臻.波形钢腹板组合箱梁振动频率分析与试验[J].中国公路学报, 2013,26(5):102-107.

[42] 樊健生,刘晓刚,聂建国,等.波形钢腹板组合刚构桥墩-梁结合部受力性能试验研究[J].土木工程学报,2014(8):89-97.

[43] 聂建国,朱力,唐亮.波形钢腹板的抗剪强度[J].土木工程学报,2013,46(6):97-108.

[44] 聂建国,李法雄,樊健生.波形钢腹板梁变形计算的有效刚度法[J].工程力学,2012,29(8):71-79.

[45] 聂建国,李法雄.考虑腹板剪切行为的波形钢腹板梁理论模型[J].中国公路学报,2011, 24(6):40-48.

[46] 江克斌,丁勇,杨建奎,等.波形钢腹板PC组合箱梁纯扭作用下抗扭承载力试验研究[J].工程力学,2013,30(6):175-182.

[47] 陈宜言,陈宝春,林松.波形钢腹板PC组合箱梁抗扭性能试验与有限元分析[J].建筑科学与工程学报,2011,28(4):106-115.

[48] 陈宝春,黄卿维.波形钢腹板PC箱梁桥应用综述[J].公路,2005(7):45-53.

[49] 陈宝春,牟廷敏,陈宜言,等.我国钢-混凝土组合结构桥梁研究进展及工程应用[J].建筑结构学报,2013,34(s1):1-10.

[50] Jiang R J,Wu Q M,Xiao Y F,et al. Study on Shear Lag Effect of A PC Box Girder Bridge With Corrugated Steel Webs Under Self Weight[C]//Applied Mechanics and Materials,Trans Tech Publications,2014,638:1092-1098.

[51] 王志宇,王清远.波形钢板焊接连接件的疲劳试验研究及寿命评价[J].建筑结构学报, 2015,36(9):133-142.

[52] 李杰,武海鹏,陈淮.波形钢腹板变截面连续体系梁桥钢腹板承剪分析[J].桥梁建设, 2015(1):79-84.

[53] Zhou M,Liu Z,Zhang J D,et al. Equivalent computational models and deflection calculation methods of box girders with corrugated steel webs[J]. Engineering Structures,2016,127: 615-634.

[54] Zhou M, Liu Z, Zhang J D, et al. Deformation analysis of a non-prismatic beam with corrugated steel webs in the elastic stage[J]. Thin-Walled Structures, 2016, 109:260-270.

[55] 刘彦冰,丁汉山. 波形钢腹板箱梁的抗扭性能分析[J]. 特种结构,2016(1):8.

[56] 吴丽丽,安丽佩,李佳蔚,等. 马蹄形断面波形钢腹板支架稳定承载性能研究[J]. 四川大学学报(工程科学版),2017,49(6):55-64.

[57] 贺君,刘玉擎,吕展,等. 内衬混凝土对波形钢腹板组合梁桥力学性能的影响[J]. 桥梁建设,2017,47(4):54-59.

[58] 秦明星. 波形钢腹板PC梁施工期位移分析与控制[J]. 中外公路,2017(3):138-140.